mañana

1

Cuaderno de Ejercicios

Isabel López Barberá
M.ª Paz Bartolomé Alonso
Pilar Alzugaray Zaragüeta
Ana Isabel Blanco Gadañón

Diseño del proyecto: Equipo didáctico de AnayaELE
Programación didáctica: Milagros Bodas, Sonia de Pedro

Redacción: Isabel López Barberá
M.ª Paz Bartolomé Alonso
Pilar Alzugaray Zaragüeta
Ana Isabel Blanco Gadañón

© De la obra: Grupo Anaya S.A.
© De los dibujos, esquemas y gráficos: Grupo Anaya S.A.
© De esta edición: Grupo Anaya S.A., 2003, Juan Ignacio Luca de Tena, 15 - 28027 Madrid (España)

Depósito legal: M-29591-2003
ISBN: 84-667-2661-6
Printed in Spain
Imprime: Varoprinter. C/ Artesanía, 17. Coslada 28820 Madrid

Equipo editorial
   Coordinación y edición: Milagros Bodas, Sonia de Pedro
   Equipo técnico: Javier Cuéllar, Laura Llarena
   Ilustración: El Gancho (Tomás Hijo, José Zazo y Alberto Pieruz)
   Diseño de cubiertas e interiores: M. Á. Pacheco, J. Serrano
   Maquetación: Ángel Guerrero
   Corrección: Raquel Mancheño, Gabriel Martínez
   Edición gráfica: Nuria González

Fotografías: Archivo Anaya; Gracia, F./ Anaya; Martínez, C. / Anaya; Torres, O. / Anaya; Vizuete, E. / Anaya

Reservados todos los derechos. El contenido de esta obra está protegido por la Ley, que establece penas de prisión y/o multas, además de las correspondientes indemnizaciones por daños y perjuicios, para quienes reprodujeren, plagiaren, distribuyeren o comunicaren públicamente, en todo o en parte, una obra literaria, artística o científica, o su transformación, interpretación o ejecución artística fijada en cualquier tipo de soporte o comunicada a través de cualquier medio, sin la preceptiva autorización.

PRESENTACIÓN

Mañana es un curso de español en cuatro niveles dirigido a preadolescentes / adolescentes. Se ha diseñado una programación que contempla las necesidades de los profesores y las peculiaridades de los alumnos.

Cada nivel del método se compone de Libro del Alumno, Cuaderno de Ejercicios, Libro del Profesor y Audiciones.

El objetivo de este primer nivel es que el alumno adquiera una mínima competencia para desenvolverse en situaciones comunicativas cotidianas.

El Cuaderno de Ejercicios está concebido como complemento al Libro del Alumno y su propósito es ofrecer un material de refuerzo para fijar los contenidos trabajados en las distintas lecciones del Libro del Alumno. Se pretende que el estudiante cuente con material suficiente para seguir practicando.

Los ejercicios del Cuaderno pueden ser realizados en casa o en el aula (hay actividades de interacción). Al final se incluyen las soluciones.

1 LA CLASE DE ESPAÑOL

Saludar, presentarse, despedirse. Los números, las letras, objetos de la clase.

1 Deletrea estas palabras.

> café, lápiz, mesa, silla, goma, ella, decir, mapa

....
....
....
....
....
....

2 Busca diez números en la sopa de letras.

A	L	U	N	E	R	S	B	N	I
D	I	E	X	O	O	I	O	I	L
O	D	I	E	C	I	S	I	E	T	E
C	I	N	C	H	U	V	I	N	R	F
U	E	T	M	O	S	N	E	T	E	U
A	Z	E	N	C	R	E	A	E	C	L
T	A	N	G	Q	U	I	N	C	E	S
R	S	E	I	S	H	Y	A	R	A	D
O	L	G	M	P	A	T	D	E	L	A
V	E	I	N	T	I	D	O	S	T	C
I	T	N	E	O	S	E	S	U	V	I

4 cuatro

3 **Completa las palabras. Después, relaciónalas con los dibujos, escribiendo cada número junto a su dibujo.**

1. El libro
2. La mo c h ila
3. El l á piz
4. La mes a
5. El pupit r e
6. La si l l a
7. El bol í gra f o
8. La pi z a r ra
9. La ti z a
10. El sa c ap u ntas

10.

1.

7.

9.

3.

5.

8.

4.

2.

6.

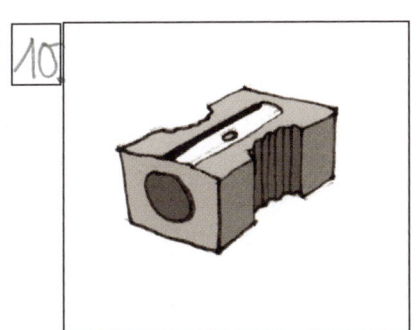

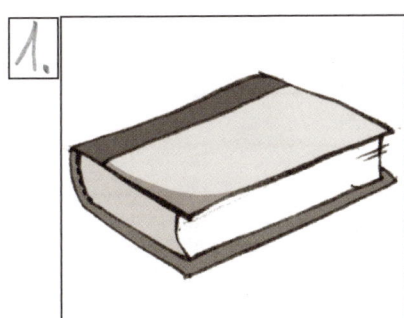

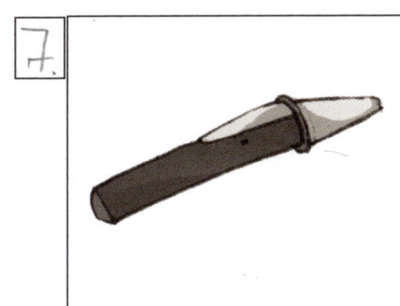

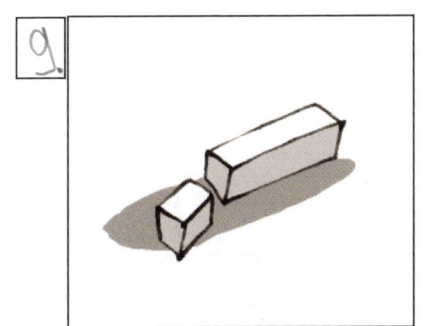

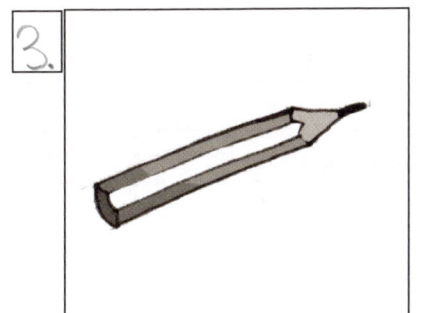

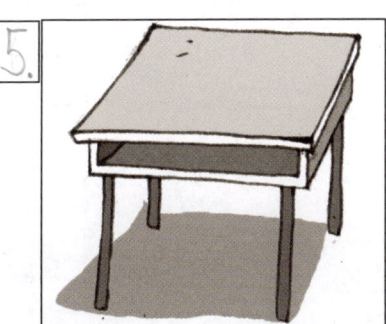

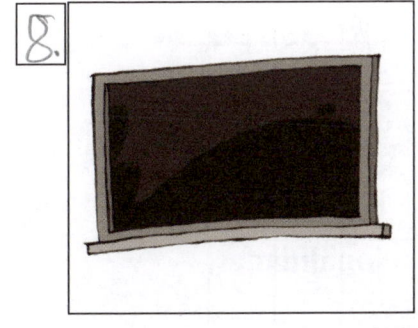

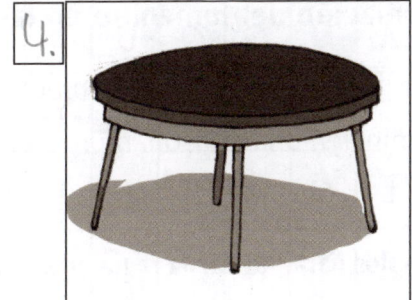

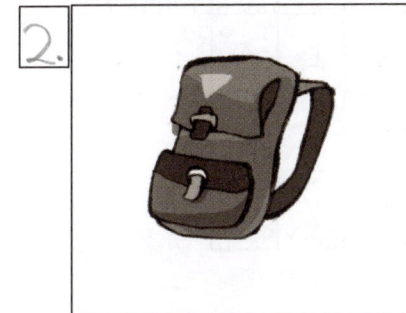

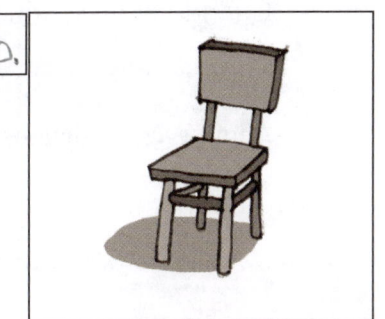

4 Completa la tabla siguiente con las nacionalidades.

Masculino	Femenino
Español	
	Brasileña
Mexicano	
Argentino	
	Italiana
Chileno	
Estadounidense	
Inglés	
	Francesa
	Portuguesa
Uruguayo	
	Paraguaya
Alemán	
	Sueca
	China
Ruso	
Suizo	
	Griega
Dominicano	
	Colombiana
Japonés	
	Rumana
Finlandés	
	Noruega

5 Formula la regla de formación del femenino en las nacionalidades.

Cuando el masculino termina en ...., el femenino termina en *a*.

Cuando el masculino termina en una consonante, el femenino se forma añadiendo ...., sin ....

Ahora escribe algunos ejemplos para ilustrar la regla anterior.

....

....

....

6 Relaciona cada nacionalidad con su país siguiendo el ejemplo.

NACIONALIDAD	PAÍS	RELACIÓN
1. Español	a) Chile	**1. h)**
2. Francés	b) Irlanda	....
3. Alemán	c) Bolivia	....
4. Italiano	d) Argentina	....
5. Argentino	e) Francia	....
6. Irlandés	f) Italia	....
7. Cubano	g) Cuba	....
8. Boliviano	h) España	....
9. Chileno	i) Alemania	....

7 Estos son sustantivos españoles. Clasifícalos en su caja correspondiente, según su género.

puerta   lápiz   salud
alumno   canción   moto
papelera   garaje   patio
profesor   gata   mapa
francesa   pianista   tiza
cuaderno   cartera   directora
colegio   casa   pelo

Masculino

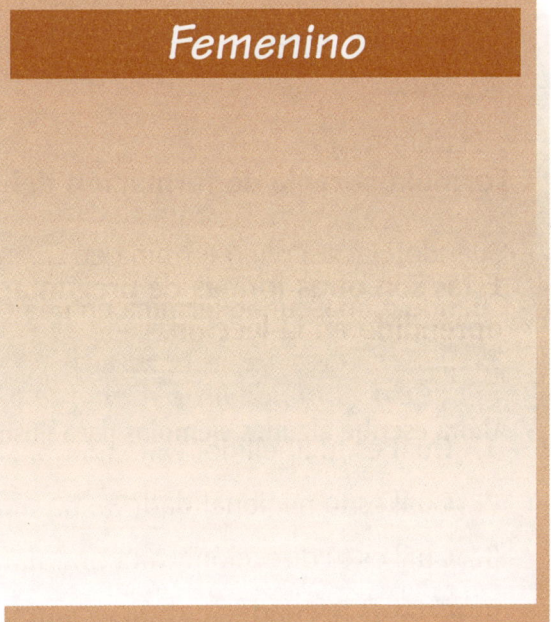

Femenino

8 Ordena el siguiente diálogo y escríbelo ordenado.

¡Hola!	Soy de Barcelona	Muy bien, ¿y tú?	¿Cómo te llamas?
De Buenos Aires, ¿y tú?	Me llamo Paco, ¿y tú?	Paola
¿De dónde eres?	Bien también	¡Hola!, ¿qué tal?

–¡Hola!
–..
–..
–..
–..
–..
–..
–..
–..
–..

9 Las frases siguientes tienen relación con las despedidas, los saludos o con la información personal. Clasifícalas en su lugar correspondiente.

–¿Cómo te llamas?
–Buenos días
–¿Dónde vives?
–Hasta luego
–¿Cuántos años tienes?
–Hasta mañana
–Hola
–¿De dónde eres?
–Adiós
–Hasta pronto

Saludos
Hola ....
....
....

Despedidas
....
....
....
....

Información personal
....
....
....
....

10 Estas son otras formas de preguntar la información personal. Escribe al lado las que has aprendido en la lección.

Ej.: *¿Cuál es tu nombre? ¿Cómo te llamas?*

1. ¿Cuál es tu apellido? ....
2. ¿Cuál es tu nacionalidad? ....
3. ¿Cuál es tu dirección? ....
4. ¿Cuál es tu edad? ....

11 **Elige la respuesta correcta para cada pregunta.**

1. ¿Cuántos años tienes?
   - ☐ a) 12
   - ☐ b) 309 27 42 11
   - ☐ c) 1992

2. ¿Cómo te llamas?
   - ☐ a) González López.
   - ☐ b) El director del colegio Mileto.
   - ☐ c) Carlos.

3. ¿Dónde vives?
   - ☐ a) En España.
   - ☐ b) De España.
   - ☐ c) A España.

4. Mauro, ¿de dónde eres?
   - ☐ a) En Argentina.
   - ☐ b) De Buenos Aires.
   - ☐ c) En el colegio Mileto.

5. ¿Cómo te apellidas?
   - ☐ a) María.
   - ☐ b) Pérez García.
   - ☐ c) Calle del Pez, nº 8.

6. ¿Dónde vives?
   - ☐ a) De Argentina.
   - ☐ b) En el colegio Mileto.
   - ☐ c) En la calle Oca, nº 22.

7. ¿Dónde estudias?
   - ☐ a) En el colegio Mileto.
   - ☐ b) De Madrid.
   - ☐ c) Del colegio Mileto.

8. ¿Qué tal?
   - ☐ a) Hasta luego.
   - ☐ b) Bien.
   - ☐ c) Gracias.

9. ¿Qué estudias?
   - ☐ a) Español.
   - ☐ b) 29
   - ☐ c) En el colegio Mileto.

10. ¿Cuántos idiomas hablas?
    - ☐ a) España y Francia.
    - ☐ b) Buenos días.
    - ☐ c) español y alemán.

12 Completa el cuadro.

	TENER	SER	ESTUDIAR	VIVIR	LLAMARSE	APELLIDARSE
Yo	tengo	soy	estudio	vivo	me llamo	me apellido
Tú	tienes	eres	estudias	vives	te llamas	te
Él / ella	tiene	es	estudia	vive	se llama	se
Nosotros / nosotras	tenemos	somos	estudiamos	vivimos	nos llamamos	nos
Vosotros / vosotras	tenéis	sois	estudiáis	vivís	os llamáis	os
Ellos / ellas	tienen	son	estudian	viven	se llaman	se

13 Estos verbos son nuevos. Rellena el cuadro como en el ejercicio anterior.

	TRABAJAR	LEER	ESCRIBIR
Yo	trabajo	leo	escribo
Tú	trabajas	lees	escribes
Él / ella	trabaja	lee	escribe
Nosotros / nosotras	trabajamos	leemos	escribimos
Vosotros / vosotras	trabajáis	leéis	escribís
Ellos / ellas	trabajan	leen	escriben

14 ¿Sabes qué significan los verbos anteriores? Observa estos ejemplos y escribe tú otros.

> El profesor trabaja en el colegio español.
> Yo leo mi libro de español en la clase.
> Escribimos los ejercicios en el cuaderno.

....
....
....

15 ¿Qué significan estas abreviaturas?

C/ = ...
N. = ...

Pl. = ...
Avda. = ...

16 Estas son otras abreviaturas que necesitas para escribir las direcciones en español. Relaciónalas con flechas.

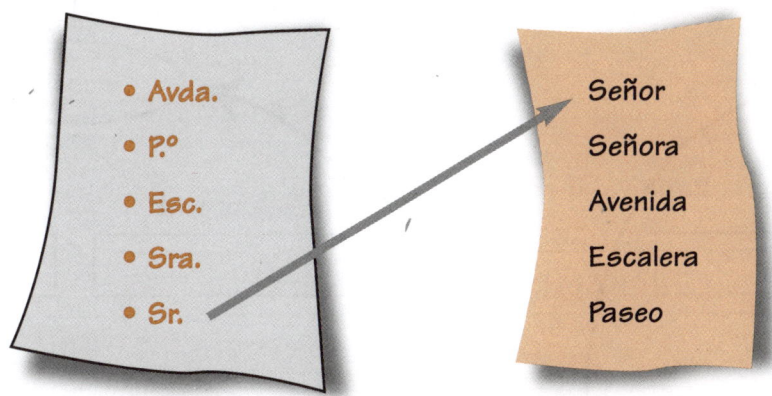

17 Rellena esta ficha para la biblioteca del colegio con la información necesaria.

COLEGIO ESPAÑOL. BIBLIOTECA	
	FOTO

NOMBRE ....
APELLIDOS ....
DIRECCIÓN ....
CURSO Y CLASE ....
NÚMERO DE TELÉFONO FAMILIAR ....
NOMBRE DEL PADRE O DE LA MADRE ....

FIRMA:

once 11

2 MI CASA

La casa, los muebles. Expresar existencia y situar en el espacio: *Hay / Está(n)*. Adjetivos para describir. La *c*.

1 Completa el esquema con el mobiliario de la casa.

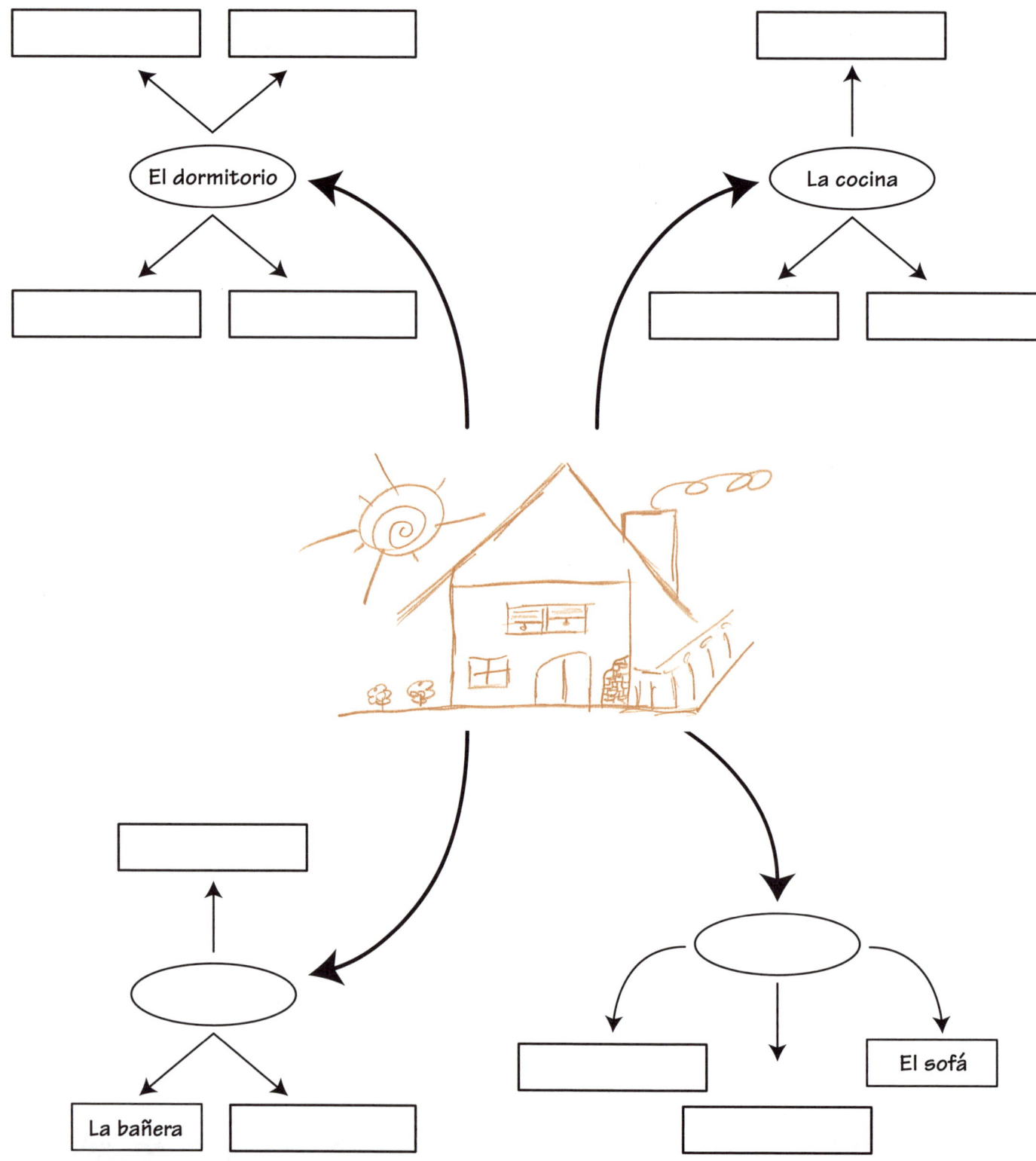

12 doce

2 Separa las siguientes expresiones.

cercadelejosdealaderechadealaizquierdadealladodeenelcentrodealasafuerasdedetrásde

3 Completa las palabras referidas a los colores. Después colorea los objetos según el color indicado.

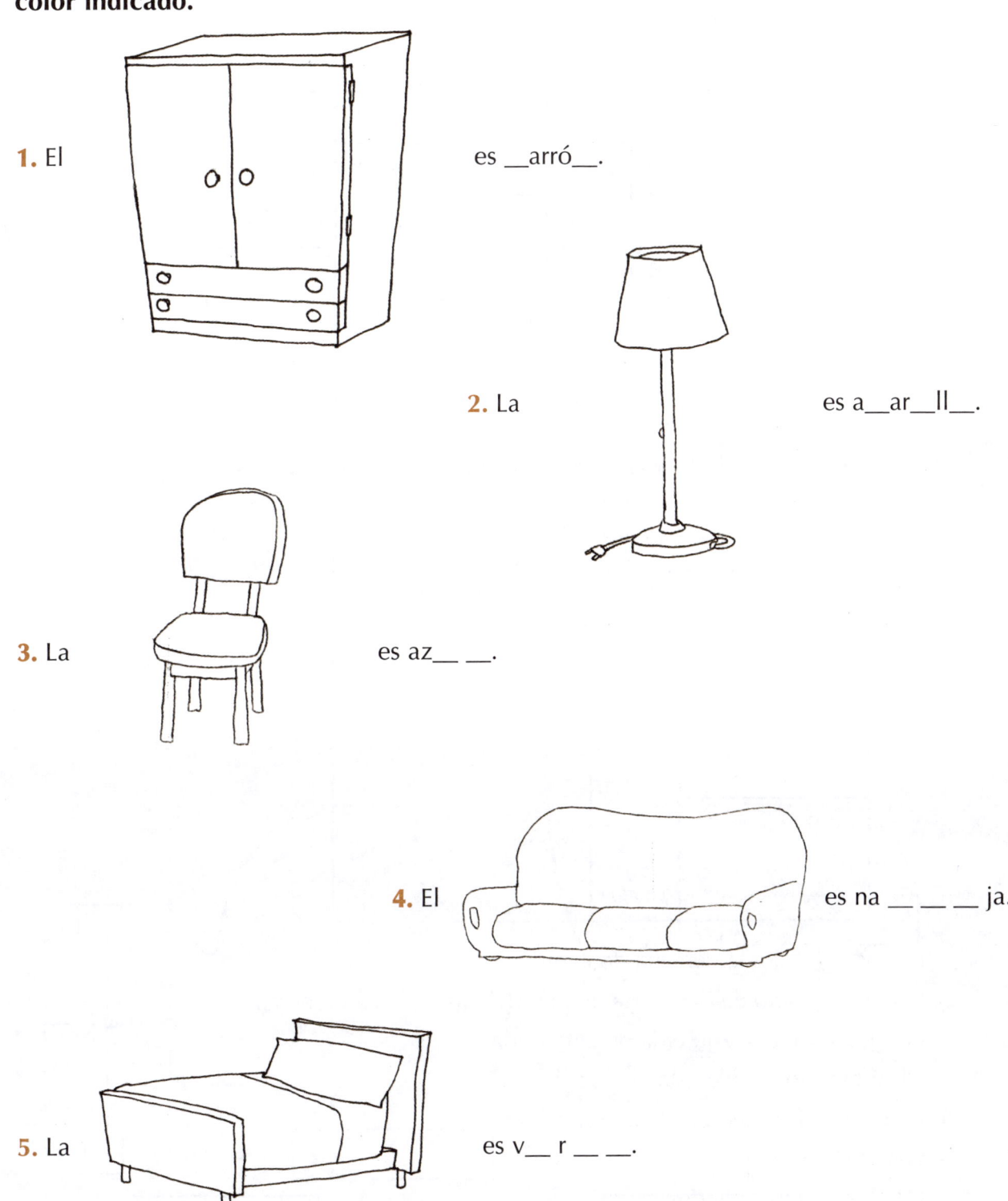

1. El   es __arró__.

2. La   es a__ar__ll__.

3. La   es az__ __.

4. El   es na __ __ __ ja.

5. La   es v__ r __ __.

4 Busca y señala en la sopa de letras diez cosas que puedes encontrar en una casa.

P	S	M	T	E	N	D	O	L	O	V	E
U	O	E	E	S	I	L	L	O	N	I	S
R	F	U	L	C	C	M	I	E	F	S	T
B	A	Ñ	E	R	A	T	S	I	R	T	A
E	L	O	V	I	M	B	I	G	E	O	N
T	R	E	I	T	A	O	L	Z	G	F	T
R	I	V	S	O	R	O	L	A	A	E	E
I	N	T	I	R	I	B	A	P	D	N	R
S	E	L	O	I	J	I	C	P	E	T	I
A	S	A	N	O	T	D	I	A	R	I	A
L	G	F	R	F	U	K	A	L	O	J	O
F	R	I	G	O	R	I	F	I	C	O	N

5 Observa el plano e indica si las frases son verdaderas o falsas.

1. La cocina está a la derecha de la entrada.
2. El aseo o cuarto de baño está al final del pasillo, a la derecha.
3. El salón está a la izquierda de la entrada.
4. El dormitorio grande está al lado del baño.
5. El piso no tiene terraza, tiene un balcón.
6. Hay dos dormitorios.
7. El salón es muy grande.
8. La cocina es pequeña.

V	F

6. Escribe *un* o *una*.

Ej.: *Una silla*

1. .... armario
2. .... lavadora
3. .... lavabo
4. ...... ducha
5. ...... bañera
6. ...... habitación
7. ...... libro
8. ...... pared
9. ...... ordenador
10. .... cama
11. .... sofá
12. .... sillón

7. Escribe las siguientes palabras en plural.

Ej.: *El libro: los libros.*

1. La estantería: ....
2. La pared: ....
3. La silla: ....
4. El sillón: ....
5. La casa: ....
6. El piso: ....
7. El dormitorio: ....
8. El cuarto de baño: ....
9. El jardín: ....
10. La terraza: ....

8. Lee estas frases y escribe el plural siguiendo el ejemplo.

Ej.: *La pared es blanca. Las paredes son blancas.*

1. El lápiz está encima de la mesa.
   ....
2. El libro está encima de la estantería.
   ....
3. El espejo está en el dormitorio.
   ....
4. En la pared hay un cuadro.
   ....
5. La lámpara es amarilla y verde.
   ....
6. El sillón es rojo.
   ....
7. Es un apartamento luminoso.
   ....
8. En el cuarto de baño hay una estantería.
   ....

quince **15**

9 Ordena las frases. La primera palabra está señalada en negrita.

1. **La** está al lado puerta mesa de la. ....
2. están libros en la estantería **Los.** ....
3. ducha está en **La** el cuarto de baño. ....
4. la derecha **La** está a de la cama mesa. ....
5. hay algunos de la cama libros **Encima.** ....
6. azul y está **El** sillón es terraza en la. ....

10 Completa estas frases con las formas adecuadas de los verbos *ser* o *estar*.

1. La terraza .... al lado del salón.
2. Los lápices .... de colores y .... en la mochila.
3. Mi dormitorio .... muy alegre.
4. El lavavajillas .... moderno y .... en la cocina.
5. Los armarios que .... en la cocina .... marrones y muy grandes.
6. Mis libros .... encima de mi escritorio.

11 Rellena los huecos con *hay* o *están* para expresar existencia o ubicación.

1. En el armario .... muchas cosas.
2. En mi dormitorio .... una mesilla.
3. Mis libros .... encima de la mesilla.
4. Los sillones .... cerca de la terraza.
5. En la cocina .... cuatro sillas y una mesa.
6. La cama .... a la izquierda.

12 Completa con *en* o *de*.

1. Mi casa está cerca .... un parque.
2. Vivo .... Madrid.
3. ¿Cómo es la habitación .... Silvia?
4. La mochila está encima .... la cama.
5. Los muebles están .... el piso.
6. El espejo está .... el cuarto de baño, ... la pared, al lado .... la estantería de madera.
7. El baño está enfrente .... la cocina.

13 Lee las frases y dibuja lo que expresan. Tu compañero las adivinará. ¡No mires su información!

Alumno A
La mesa está al lado de la ventana.
La lámpara está encima de la mesa.
El frigorífico está a la derecha de la mesa.

Alumno B

Alumno B
La cama está cerca del armario.
Encima de la silla hay dos libros.
Debajo de la mesa de la cocina está el gato.

Alumno A

14 Busca en el libro cinco palabras con *c*. Escríbelas y díctaselas a tu compañero. Él hará lo mismo.

Tus palabras	Las palabras de tu compañero

diecisiete 17

15 Observa la habitación y descríbela.

Hay una cama. Encima de hay una estantería. Delante de hay una silla. A la derecha de hay un reloj. Sobre la estantería hay un cuadro.

16 Rellena los siguientes cuadros.

Cinco cosas que hay en tu casa
....
....
....
....
....

Cinco cosas que no hay en tu casa
....
....
....
....
....

17 Lee el siguiente texto.

> Mi casa está en las afueras de Madrid. Es muy grande, tranquila, moderna y bonita. Tiene cuatro dormitorios, un baño y un aseo. En el cuarto de baño hay una bañera y en el aseo hay una ducha. En mi casa hay un salón muy grande, con vistas al jardín. En el jardín hay árboles y flores. La casa tiene mucha luz, es muy luminosa.

1. Subraya las palabras nuevas, búscalas en el diccionario y escríbelas en tu lengua.

Español	Tu lengua

2. Escribe lo contrario de lo que dice el texto.

Ej.: *Mi casa está en el centro de Madrid* ....
....
....
....
....

18 Escribe algunas palabras que son similares, pero con diferencias en español y en tu lengua.

Español	Tu lengua

19 En el Libro del Alumno hay descripciones de viviendas españolas. ¿Cuáles son las diferencias con las de tu país?

....
....
....
....

20 Imagina que tienes un intercambio español. Escríbele un correo electrónico y cuéntale cómo es tu casa.

diecinueve 19

3 EL CUMPLEAÑOS DE LA ABUELA

Hablar de tu familia. Describir físicamente. Los meses del año. Las fiestas y las celebraciones. Los pronombres demostrativos. Los adjetivos y los pronombres posesivos. La *g* y la *j*.

1 Completa la tabla con las palabras que faltan. Están relacionadas con la familia. Sigue el ejemplo.

Ej.: *El tío*	*La tía*
1. El padre	La madre
2. Los abuelos	Las abuelas
3. El primo	La prima
4. El sobrino	La sobrina
5. El hermano	La hermana
6. El suegro	La suegra

2 Mira el árbol genealógico de esta familia española y completa después las frases como en el ejemplo.

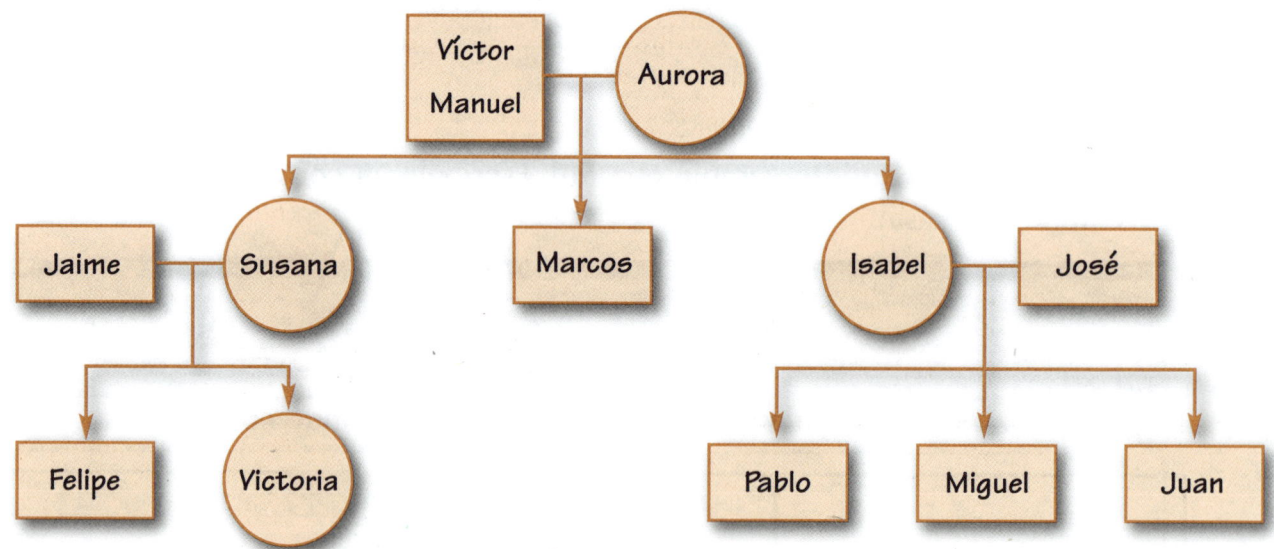

Ej.: *Víctor Manuel es el padre de Susana, Isabel y Marcos.*

1. Aurora es la ......mujer...... de Víctor Manuel.
2. Victoria es la ......prima...... de Juan, Pablo y Miguel.
3. Pablo, Miguel y Juan son ......hermanos......
4. Marcos es el ......cuñado...... de José y Jaime.
5. Jaime y Susana son los ......padres...... de Felipe y Victoria.
6. Victoria y Miguel son ......primos......

3 Escribe las fechas de los cumpleaños de tu familia, según el ejemplo.

Ej.: *El cumpleaños de mi hermana es el 10 de mayo.*

- ....
- ....
- ....
- ....

4 En España el día 6 de diciembre es el día de la Constitución. Escribe las fechas de las fiestas más importantes de tu país.

....
....
....
....
....

5 Escribe palabras relacionadas con la descripción física, cada una en su lugar correspondiente.

CUERPO

delgado

PELO

el pelo blanco

CARA

bigote

6 Escribe cada una de las palabras del ejercicio anterior donde corresponda.

ES	TIENE	LLEVA
delgado	bigote	el pelo blanco

veintiuna 21

7 **Transforma las frases siguientes en femenino plural. Sigue el ejemplo.**

Ej.: *Mi hermano es rubio.*
Mis hermanas son rubias.

1. Tu tío es alto y delgado.
....

2. Nuestro primo lleva gafas.
....

3. Su abuelo tiene el pelo blanco.
....

Ahora, escribe lo contrario de cada frase.

Ej.: *Mi hermano es rubio.*
Mi hermano es moreno.

1. Tu tío es alto y delgado.
....

2. Nuestro primo lleva gafas.
....

3. Su abuelo tiene el pelo blanco.
....

8 **Mira los dibujos y describe a estas personas.**

1. Juan ....
....

2. María ....
....

3. Pablo ....
....

9. Completa el texto con los verbos *ser, tener* y *llevar.*

Mi tío Alberto .... el hermano de mi madre. Trabaja en un laboratorio. .... barba y .... muy simpático. .... alto y un poco gordo. .... el pelo rizado y .... canas. .... dos hijos. El mayor .... simpático, como su padre. El pequeño .... muy antipático.

10. Transforma las siguientes frases según el ejemplo.

Ej.: *Mi padre se llama Antonio. (yo) El mío se llama Juan.*

1. Mi profesora es alta. *(nosotros)* ....
2. Tu hermana es morena. *(vosotros)* ....
3. La hermana de Rosa vive en Barcelona. *(yo)* ....
4. Los padres de Andy son escoceses. *(tú)* ....
5. Mi clase es la número 2. *(tú)* ....
6. Mi casa está en el centro de la ciudad. *(vosotros)* ....

11. Transforma las siguientes frases siguiendo el ejemplo.

Ej.: *¿De quién es este libro, de Juan? Sí, es suyo.*

1. ¿De quién son estos libros, vuestros? Sí, ...
2. ¿De quién es esta mochila, de Manuel? Sí, ...
3. ¿De quién son estos bolis, de Pedro y Tina? Sí, ...
4. ¿De quién es este cuaderno, tuyo? Sí ....
5. ¿De quién son estas llaves, de tu padre? Sí, ...
6. ¿De quién es este gato, de Ana? Sí, ...

12. Completa las frases con el demostrativo correspondiente.

Ej.: *¿Quién es esta señora?*

1. ¿Quién es .... profesor?
2. ¿Quiénes son .... estudiantes?
3. ¿Quiénes son .... chicas?
4. ¿Quién es .... profesora?
5. ¿Quiénes son .... profesores?

13 Escribe todas las palabras que recuerdes con las siguientes sílabas.

ga	gue	gui	go	gu
gallo				

ja	je	ji	jo	ju

14 Compara las palabras del ejercicio anterior con las de tu compañero y, juntos, leedlas todas en voz alta.

15 Dicta las palabras de tu lista a tu compañero. Él las escribirá y después podéis comprobar si contiene alguna de las sílabas anteriores. ¡No mires su lista!

A	Para escribir	B	Para escribir
Jirafa		Gusto	
Guerra		Garrafa	
Jugar		Merengue	
Jaula		Agua	
Guitarra		General	
Julio		Jota	
Jamón		Guisante	
Gente		Gimnasia	
Sigue		Garaje	
Argentina		Gorro	
Gato		Jícara	
Gota		Guillermo	

16 Dibuja tu árbol genealógico y cuéntaselo a tu compañero.

Este es mi padre. Se llama...

17 Describe a tu compañero los miembros tu familia durante dos minutos. Después él tendrá que escribir el máximo de frases que recuerde.

....
....
....
....
....

¿Quién ha conseguido recordar más detalles?

18 Escribe seis palabras de esta lección que recuerdas especialmente y tradúcelas a tu lengua.

....	....
....	....
....	....
....	....
....	....
....	....

19 Escribe seis palabras de esta lección para describir físicamente a una persona.

....
....
....

20 Ordena las partes de cada palabra para formar los meses del año.

1. bre-tu-oc ....
2. ne-e-ro ....
3. bril-a ....
4. ni-ju-o ....
5. li-o-ju ....
6. gos-a-to ....
7. bre-no-viem ....
8. yo-ma ....
9. tiem-bre-sep ....
10. zo-mar ....
11. ro-bre-fe ....
12. bre-ciem-di ....

21 En esta lección hay palabras para describir físicamente a las personas. Busca en el diccionario seis palabras para describir el carácter de la gente.

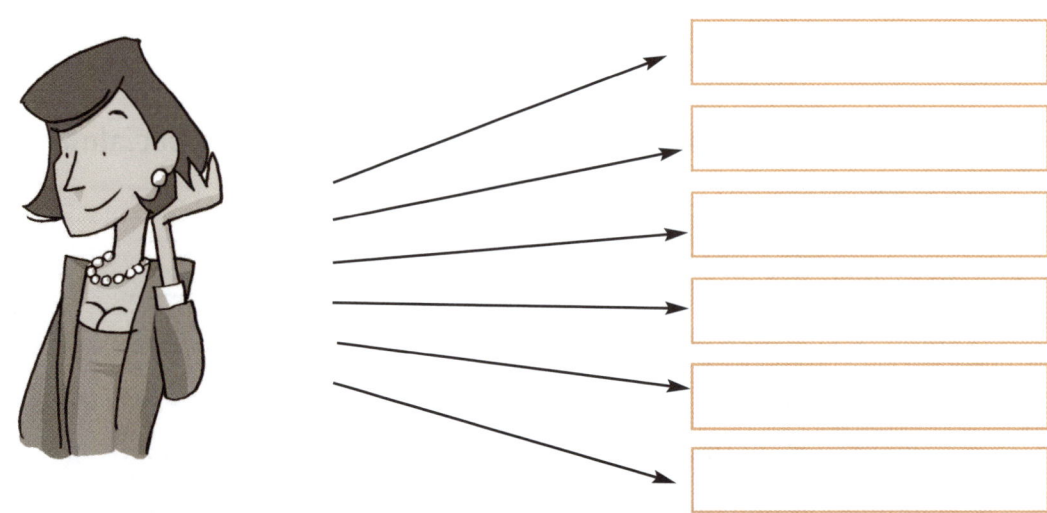

22 **Marca verdadero o falso.**

	Verdadero	Falso
El día 12 de octubre se celebra solo en el norte de España.	☐	☐
La Navidad se celebra el 24 de diciembre.	☐	☐
El 25 de diciembre es el día de los regalos.	☐	☐
El día 6 de enero es el día de los regalos.	☐	☐
La feria de abril es una fiesta de Sevilla.	☐	☐
La fiesta del fuego son las Fallas.	☐	☐

23 **Describe a una persona muy famosa de tu país. Tu profesor adivinará quién es.**

....
....
....
....
....

24 **Ordena las palabras para formar cuatro frases.**

1. mis   La   padres   hija   es   hermana   mi   de.
   ....

2. padre   es   primo   mi   El   de   tío   mi.
   ....

3. de   son   hermana   mi   hijos   mis   Los   sobrinos.
   ....

4. abuela   es   de   padre   mi   madre   mi   La.
   ....

4 UN DÍA NORMAL Y CORRIENTE

Hablar de lo que haces habitualmente. Preguntar y decir la hora. El presente de indicativo. Los días de la semana. Los transportes. Las tareas de la casa. Las asignaturas. La *r* y la *rr*.

1 Lee las frases y rellena el crucigrama.

1. Lavarse en la ducha.
2. Se hace con lápiz y papel.
3. Comer por la tarde.
4. Irse a la cama.
5. Comer por la noche.
6. Salir de la cama.
7. Comer por la mañana.

2 En estas expresiones de frecuencia se nos han olvidado las vocales. ¿Puedes ponerlas?

1. N _ RM _ LM _ NT _
2. N _ NC _
3. _ V _ C _ S
4. _ M _ N _ D _
5. C _ S _   N _ NC _
6. S _ _ MPR _
7. C _ S _   S _ _ MPR _

3 Ahora, ordena esas expresiones de menor a mayor según su frecuencia.

Nunca, ...

....

4 Une las sílabas para formar medios de transporte.

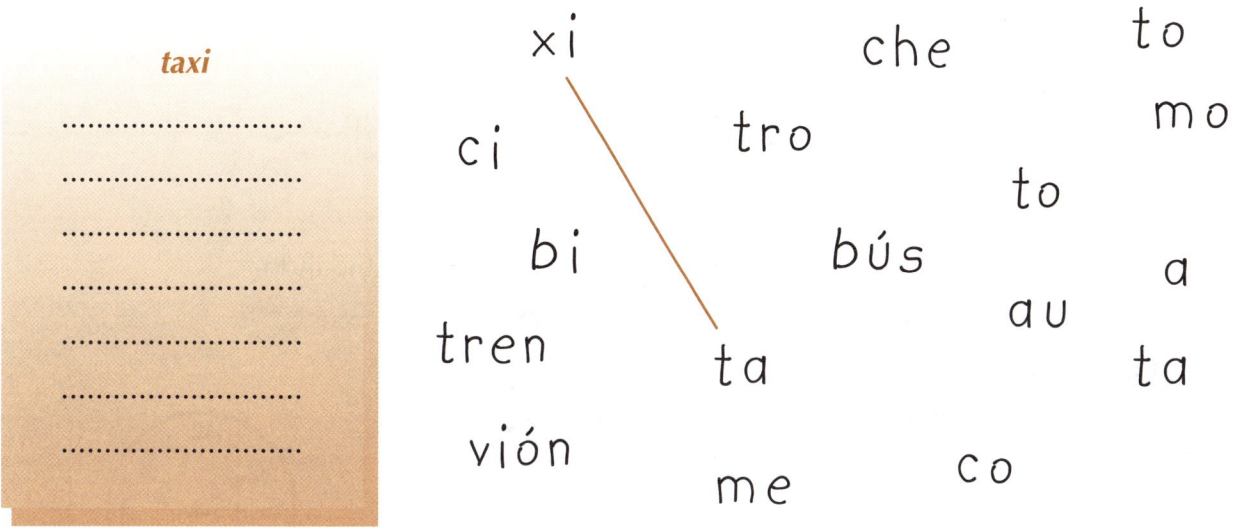

5 Ahora vuelve a escribir los medios de transporte del ejercicio anterior con su artículo: ¿*el* o *la*?

el taxi	....
....	....
....	....
....	....

6 Escribe el nombre de las asignaturas que tienes y tu relación con ellas.

	😊	😐	☹
matemáticas			

veintinueve 29

7 Relaciona un elemento de cada columna. Sigue el ejemplo.

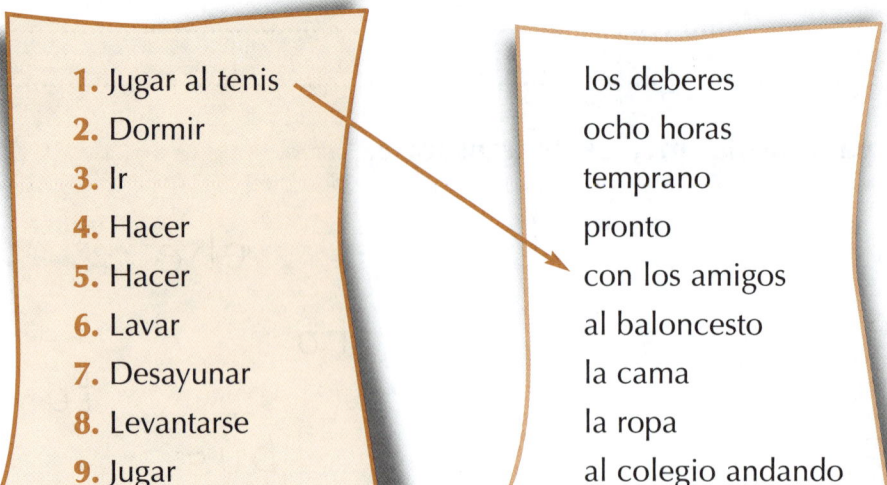

1. Jugar al tenis
2. Dormir
3. Ir
4. Hacer
5. Hacer
6. Lavar
7. Desayunar
8. Levantarse
9. Jugar

los deberes
ocho horas
temprano
pronto
con los amigos
al baloncesto
la cama
la ropa
al colegio andando

8 ¿Qué hora es? Escríbelo.

Son las siete y veinticinco.

Son las ocho y media.

Son las nueve menos diez.

Son las siete menos veinticinco.

Son las nueve y veinticinco.

Son las cinco menos cuarto.

9 Clasifica los verbos del recuadro.

cenar, empezar, acostarse, ducharse, llegar, venir, ir, cerrar, poner, hablar, quitar, dormir, barrer, tener, merendar, escribir, soler

REGULARES	IRREGULARES
cenar, ...	soler, ...

30 treinta

10 Escribe la forma conjugada de los verbos siguientes.

Ej.: **Levantarse** (yo) — Yo me levanto
1. Despertarse (tú) — ....
2. Acostarse (nosotros) — ....
3. Merendar (ella) — ....
4. Jugar (nosotros) — ....
5. Comer (ella) — ....
6. Estudiar (tú) — ....
7. Ducharse (vosotros) — ....
8. Cenar (ellos) — ....
9. Ir (yo) — ....
10. Venir (tú) — ....
11. Hacer (nosotros) — ....
12. Bañarse (nosotros) — ....
13. Poner (yo) — ....
14. Quitar (tú) — ....
15. Regar (ella) — ....
16. Pasear (vosotros) — ....

11 Completa las frases.

1. Ella viene a casa …… metro.
2. Mi madre se levanta …….. las ocho …….. media.
3. ……. lunes tengo clase ……. matemáticas.
4. Voy al cine …….. menudo.
5. ¿…….. qué hora sales del colegio?

12 Piensa en lo que hacéis en tu clase y escribe las actividades y la frecuencia.

Ej: *Nunca terminamos las clases a las 9 de la noche.*

....
....
....
....
....

13 En estas frases falta una palabra. Escribe la frase completa.

Ej.: *¿A qué hora vas la escuela?*
¿A qué hora vas a la escuela?

1. ¿Cenas casa?
   ....

2. ¿Vas al cine tus amigos?
   ....

3. ¿Tienes clase la tarde?
   ....

4. ¿Vienes a la escuela autobús?
   ....

5. ¿Friegas los platos el campamento?
   ....

14 Actividades extraescolares. ¿Haces otras actividades después de las clases? Escribe qué haces y qué días.

....
....
....
....
....

15 En tu país, ¿quién se ocupa normalmente de hacer las tareas de la casa? Contesta siguiendo el ejemplo.

Ej.: *Fregar los platos.*
Normalmente, los hombres friegan los platos.

1. Hacer las camas.
   ....

2. Ir al mercado.
   ....

3. Lavar y ordenar la ropa.
   ....

4. Cocinar.
   ....

5. Poner y quitar la mesa.
   ....

6. Llevar a los hijos a la escuela.
   ....

16 Tenemos las respuestas, pero no las preguntas. Escríbelas tú.

Ej.: *¿Vas al colegio en autobús?.....*
Sí, voy al colegio en autobús.

1. ....
   Vamos andando.
2. ....
   Son las tres.
3. ....
   Sí, a veces.
4. ....
   Mi hermano y yo quitamos la mesa.
5. ....
   Me levanto a las 7:00.

17 Escribe frases con el verbo y el pronombre indicados. Utiliza expresiones de frecuencia.

1. *(Levantarse, yo)* ....
2. *(Ir, tú)* ....
3. *(Merendar, nosotros)* ....

18 Completa el texto con las palabras del recuadro.

de	va	leen	se levanta	y	su	come
la	trabaja	con	gimnasia	vuelven	vuelve	
empieza	los	a	cena	se acuestan	de	

Martina es profesora. .... en un colegio. .... todos los días a las 7 menos cuarto ...... la mañana y su trabajo .... a las 8 ...... media. Normalmente .... en la cantina del colegio, pero ...... martes .... a casa para comer, porque no tiene clase.

Normalmente termina ...... trabajar .... las 5 de ...... tarde. Entonces, ... al gimnasio ...... sus amigas. Hacen .... y después .... a casa.

Martina .... a las 21:00 con ...... marido. Después, ven la tele o .... un libro. .... a las 23:00.

19 Forma frases tomando un elemento de cada columna.

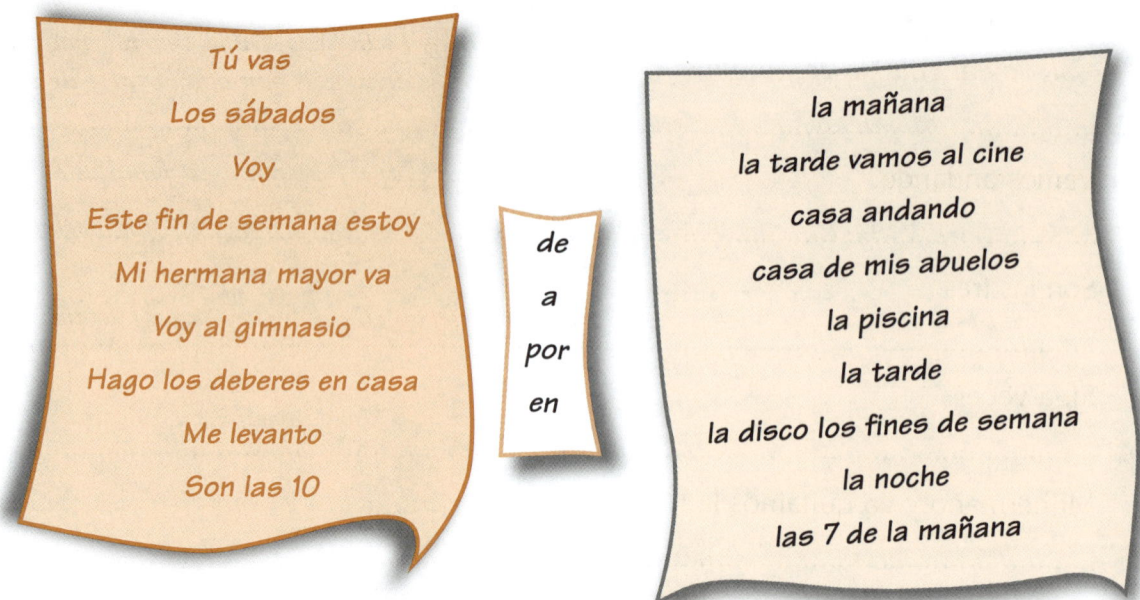

Columna 1:
- Tú vas
- Los sábados
- Voy
- Este fin de semana estoy
- Mi hermana mayor va
- Voy al gimnasio
- Hago los deberes en casa
- Me levanto
- Son las 10

Columna 2: de / a / por / en

Columna 3:
- la mañana
- la tarde vamos al cine
- casa andando
- casa de mis abuelos
- la piscina
- la tarde
- la disco los fines de semana
- la noche
- las 7 de la mañana

....
....
....
....
....
....
....
....
....

20 Lee con tu compañero las palabras siguientes en voz alta.

Caro	Pero
Carro	Perro
Cero	Moro
Cerro	Morro
Para	Coro
Parra	Corro

34 treinta y cuatro

21 Lee este texto y saca conclusiones de lo que hacen algunos españoles los domingos.

> Los domingos, la familia Conde se levanta tarde, a las 11:00 y desayuna churros, magdalenas, bollos... A veces van a ver un museo, una exposición y otras veces van a hacer algo de deporte: juegan al tenis, montan en bicicleta, juegan al fútbol.
>
> Los mayores van a un bar antes de comer para tomar el aperitivo con otras familias de amigos.
>
> Toda la familia come junta en casa. A veces, el padre y la madre preparan una paella y otras van a comer al restaurante.
>
> Por la tarde, el padre y la madre leen el periódico, ven la televisión o van a casa de amigos para tomar el café y jugar a las cartas.
>
> Los hijos se quedan en casa para hacer los deberes.
>
> Todos se acuestan pronto.

Conclusiones:

Muchos españoles van a los museos los domingos por la mañana.

....
....
....
....
....
....
....
....
....

22 Explica qué hace la gente en tu ciudad los domingos.

....
....
....
....
....
....
....
....

5 DE COMPRAS

Pedir un producto y preguntar su precio. Comparativos. Imperfecto de cortesía y condicional. Alimentos y envases. La ropa. La *ll* y la *y*.

1 Clasifica los artículos en su establecimiento correspondiente.

plátanos   magdalenas   filetes de ternera   huevos   pan
diccionario de español   chuletas de cerdo   muslos de pollo
manzanas   patatas   galletas   una novela   leche
lechuga   lata de sardinas   aceite   cebollas

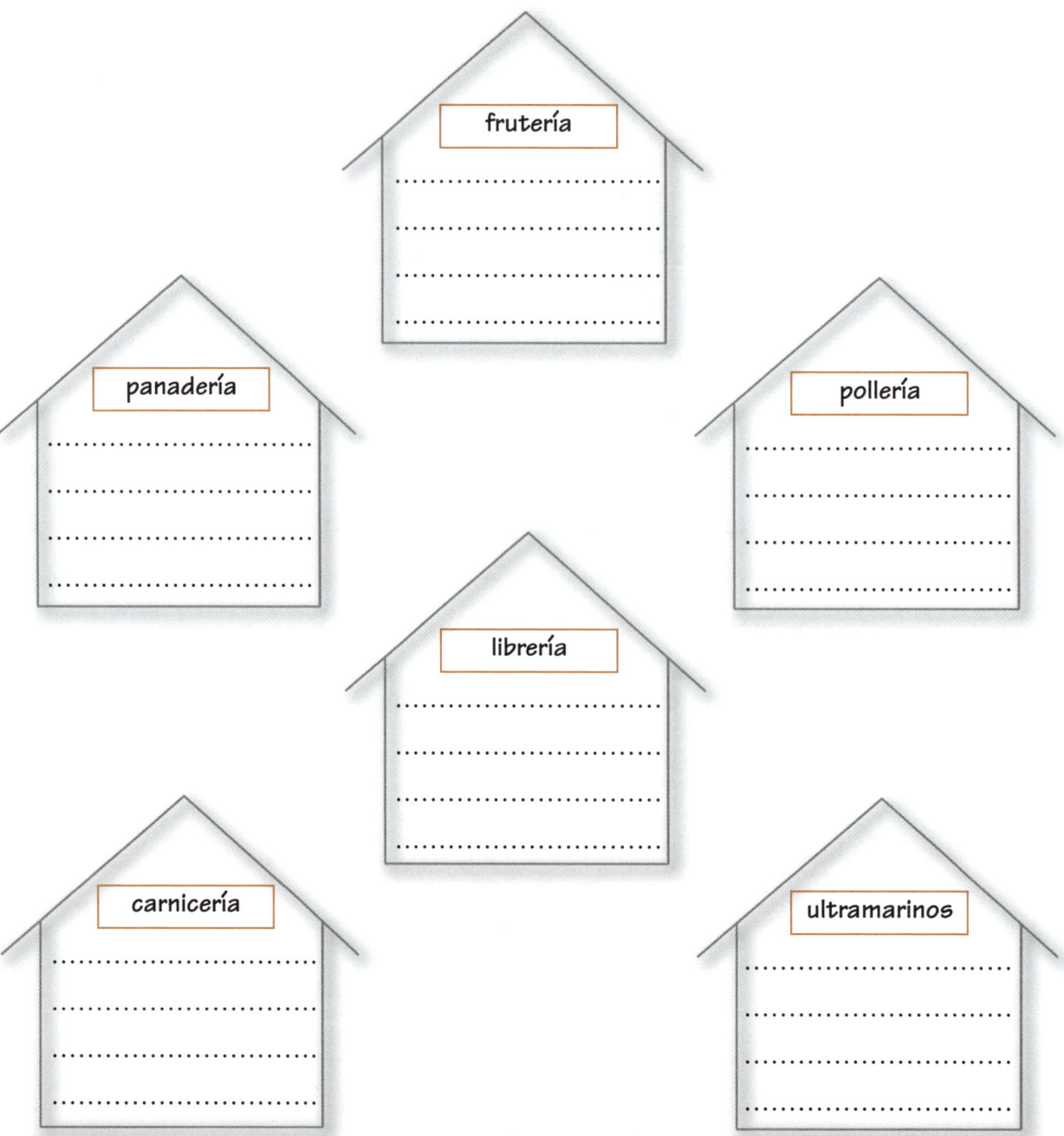

36 treinta y seis

2. Relaciona cada producto con un país y escribe frases.

Ej.: *España es famosa por la paella.*

| el chocolate | el café | el vino | las galletas | la cerveza | la pasta | el cuscús | el queso |

1. Colombia ....
2. Francia ....
3. Bélgica ....
4. Dinamarca ....
5. Italia ....
6. Alemania ....
7. Holanda ....
8. Marruecos ....

3. Es tu cumpleaños y tienes que ir a comprar todo lo necesario. Haz la lista de las cosas que necesitas.

4. ¿Cuál es tu plato favorito? Escribe los ingredientes que lleva.

Mi plato favorito ....

INGREDIENTES:

5. ¿Qué tomas para desayunar, comer y cenar?

| Desayuno | Comida | Cena |

6 Completa estas dos listas para ir al supermercado; sigue el ejemplo.

Ej.: *1 botella de leche.*

a) 2 .... de azúcar
b) 6 .... de cerveza
c) 2 .... de huevos
d) 1 .... de manzanas

e) 1 .... de vino
f) 200 .... de jamón
g) 1 .... de pasta
h) 2 .... de pan

7 Escribe la ropa que lleva cada una de estas personas.

1. ....
2. ....

3. ....
4. ....

38   treinta y ocho

8 Describe la forma de vestir de los personajes anteriores.

1. ....
2. ....
3. ....
4. ....

9 Forma nombres de prendas de vestir con estas sílabas.

FAL SE
TI TA RA DO MI SOM
ROS ZA BRE CA
VES
DA DE LO PA ROS
RO SU DA PAN TRA
VA NES JE TA TOS
QUE

ZAPATOS, ...
....
....
....
....

10 Busca y subraya el intruso en estos grupos y escribe por qué lo es.

1. jersey, chaqueta, bikini, abrigo
2. marrón, azul, falda, rosa
3. sudadera, deportivas, traje, vaquero
4. seda, algodón, lana, sombrero
5. zapatos, corbata, botas, deportivas

1. .... no es una prenda de ....
2. .... no es un ....
3. .... no es una prenda ....
4. .... no es un ....
5. .... no es para los ....

treinta y nueve **39**

11 ¿Qué me pongo? Vístete para las siguientes ocasiones.

1. Para una fiesta con la familia ....
2. Para ir al teatro ....
3. Para ir de excursión ....
4. Para ir al colegio ....
5. Para ir a una discoteca ....
6. Para ir a la playa ....

12 Haz una lista de tu ropa favorita. No olvides poner el color.

Ej.: *Mis botas marrones.*

13 Construye frases comparativas según el modelo.

Ej.: *Botas de tacón / botas sin tacón (elegante).*
   Las botas de tacón son más elegantes que las botas sin tacón.

1. Las deportivas / los zapatos (cómodo).
   ....
2. Los vaqueros / el traje (caro).
   ....
3. La falda / los vaqueros (elegante).
   ....
4. Una falda estampada / una falda lisa (bonito).
   ....
5. Una camiseta de algodón / una camisa de seda (formal).
   ....
6. Un vestido / unos pantalones (barato).
   ....
7. Un traje / una corbata (caro).
   ....

14 Con estos elementos, haz cinco preguntas que se pueden oír o decir en una tienda de ropa. Sigue el ejemplo.

- De
- Para
- quién
- qué
- cuánto
- es
- cuesta
- talla
- desea
- color

Ej.: *¿Qué desea?*

¿..?

¿..?

¿..?

¿..?

¿..?

15 Reconstruye los siguientes diálogos dichos en una tienda.

1. ¡Buenas! / ¿Algo / paquete de / magdalenas / Aquí / un / más? / Nada / más / Es / 1,20 € / Quería / tiene

   —¡Buenas! ....
   —..
   —..
   —..

2. ¡Hola! / querías? / huevos / botella de leche / ¿Qué / de / ¿Algo más? / Sí, media / nada / más, / docena / ¿Algo / No, / ¿cuánto es todo? / Son 2 € / Una / más?

   —¡Hola!
   —..
   —..
   —..
   —..
   —..
   —..

3. Hola, / Un kilo / de tomates. / Sí, muy buenas / 1,5 € / me llevo un kilo / el kilo. / zanahorias? / ¿Algo más? / ¿qué quería? / buenos días, / Pues / ¿Cuánto valen?

—Hola, ...
—..
—..
—..
—..
—..
—..

16 Relaciona las frases de las dos columnas. Sigue el ejemplo.

Ej.: **1.** *Quería (deseaba).*

1. Para pedir en una tienda
2. Para preguntar si hay un producto
3. Para preguntar el precio
4. Para pagar
5. Para responder a "gracias"
6. Para saber si el cliente desea más artículos
7. Para decir que no deseamos más artículos

De nada
¿Cuánto cuesta / vale?
¿Tiene (tienen)?
Nada más
¿Algo más?
Quería (deseaba)
¿Cuánto es todo?

42 cuarenta y dos

17 Representa con tu compañero una conversación en una tienda. Uno será el dependiente y el otro el cliente. No mires su parte.

A	Cliente	B	Dependiente
Llevas solo 12 €. Tienes que comprar: 1 kilo de naranjas 1 botella de aceite 1 kilo de tomates 1 botella de vino 1 docena de huevos ¼ kg de queso 1 paquete de azúcar 1 botella grande de refresco de cola. Pregunta los precios y calcula si tienes dinero.		Tu cliente necesita: naranjas .... aceite .... tomates .... vino tinto.............................. huevos .... queso .... azúcar .... refresco de cola .... Escribe los precios de estos productos.	

Ahora, escribid juntos el diálogo para que el profesor lo pueda corregir.

....
....
....
....
....
....

18 ¿Recuerdas qué palabras se escriben con *y* o con *ll*?

1. Es el color de los limones. ....
2. Es un país de Sudamérica, capital Montevideo. ....
3. Se puede fumar. ....
4. Primera persona del verbo *ser*. ....
5. Es un pájaro pequeño. ....
6. Está al lado de la cama para poner la lámpara. ....

   Ahora escribe más palabras que contengan esas letras y compáralas con las de tu compañero. Tienes dos minutos.

   ....
   ....
   ....

6 HOY COMEMOS FUERA

Pedir en un restaurante. Expresar gustos. Comidas y platos. Gustar, encantar. Mucho / poco. Superlativos en *-ísimo*. La *c / z*, la *q* y la *h*.

1 **Completa los nombres de estos platos.**

1. TORTI _ _ A DE PAT _ TAS
2. PA _ LLA
3. P _ RÉ D _ _ ERDURAS
4. EN _ _ LADA MI _ TA
5. N _ TILLAS
6. TA _ _ A DE Q _ ESO
7. F _ LETE
8. P _ LLO ASA _ O
9. _ _ TATAS CON CAR _ E
10. PE _ C _ DO F _ ITO
11. VE _ DU _ A A LA PLAN _ _ A
12. AR _ O _ A LA CUBA _ A

2 **Identifica y escribe el nombre de estos platos leyendo la descripción.**

Ej.: *Es un plato español con huevos y patata: Tortilla de patata.*

1. Es un plato que lleva arroz, un huevo, salsa de tomate y plátano frito. ....
2. Es un plato con lechuga, tomates, huevo, atún y cebolla. ....
3. Es como una crema con diferentes verduras. ....
4. Lleva pequeños trozos de verduras en un líquido caliente. ....

3 **Escribe las palabras del ejercicio 1 en su columna, según corresponda.**

De primero	De segundo	De postre

44 cuarenta y cuatro

4 Completa el crucigrama con los nombres de estos objetos.

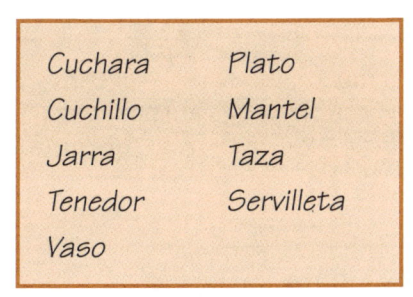

Cuchara　Plato
Cuchillo　Mantel
Jarra　　 Taza
Tenedor　Servilleta
Vaso

5 Diferentes maneras de comer. Explica qué es...

Ej.: *Tapas: Pequeñas cantidades de comida que se toman como aperitivo, acompañadas de una bebida.*

1. Menú del día: ....
....
2. Comida rápida: ....
....
3. A la carta: ....
....

6 Contesta las preguntas con el superlativo en *-ísimo*:

Ej.: *¿Te gusta la comida? (buena). Sí, ¡está buenísima!*

1. ¿Qué tal la película? (aburrida) ....
2. ¿Te gustan los calamares? (sosos) ....
3. ¿Son baratas las patatas fritas? (baratas) ....
4. ¿Están buenos los mejillones? (sabrosos) ....
5. ¿Qué tal el filete? (duro) ....

cuarenta y cinco **45**

7 Completa el siguiente esquema con los elementos que faltan.

Ej.: A mí	me	gusta	el cine
1. A ……..	te	gustan	los perros
2. A él	…………	gusta	…………………
3. A ella	…………	…………………	el café
4. A …………	le	gustan	…………………
5. A nosotros/as	…………	…………………	el fútbol
6. A ……………………	os	…………………	las patatas
7. A ellos	…………	gusta	…………………
8. A ……………………	les	…………………	la leche
9. A ustedes	…………	gustan	…………………

8 Relaciona con flechas un elemento de cada columna para formar frases.

1. A mí no me gustan …
2. A ellos les gusta …
3. ¿Te gusta …
4. ¿Os gustan …
5. A mi hermana no le gusta …
6. A nosotras nos gusta mucho …
7. A nosotros nos gusta …
8. A ella le gustan …
9. A mí no me gusta …

el café?
la ensalada sin sal.
comer en el restaurante.
las patatas.
la leche.
ir al bar.
los helados de vainilla.
el pescado.
las patatas fritas?

9 Ordena las expresiones de menos a más gusto.

| Me encanta/n | Me gusta/n mucho | Me gusta/n poco |
| No me gusta/n mucho | No me gusta/n nada | Odio |

………………………………………………………………………………………………………
………………………………………………………………………………………………………

10 Ahora, con esas expresiones, forma frases sobre lo que te gusta comer.

....
....
....

11 Forma frases comparativas según tus gustos.

Ej.: *El helado de chocolate / el helado de café.*
   Me gusta más el helado de chocolate que el helado de café.

1. La ensalada / la pasta
   ....

2. La fruta / los pasteles
   ....

3. El zumo de naranja / la leche
   ....

4. Las natillas / el flan
   ....

12 Completa las siguientes frases con el verbo *querer* o con el verbo *gustar* (o *encantar*).

1. .... las patatas fritas.
2. .... tomar un zumo, por favor.
3. .... un refresco, por favor.
4. ¿ .... la pizza?
5. De primero, ... una ensalada y de segundo .... pescado porque .... la carne.
6. ¿ .... beber algo? Sí, un zumo, ¡............................... el zumo de naranja!

13 Traduce estas frases a tu lengua.

1. No me gusta la ensalada.
   ....

2. Me encantan los pasteles de chocolate.
   ....

3. ¿A ti te gustan los calamares fritos?
   ....

4. ¿Os gusta comer en un local de comida rápida?
   ....

5. A mis hermanos no les gusta la sopa.
   ....

14 **Ahora piensa si la estructura del verbo *gustar* es igual o diferente en tu idioma y escribe las conclusiones.**

En .... es igual que en español / es diferente del español porque ....
....
....
....
....
....

15 **Has practicado el verbo *gustar* con la comida, pero se puede aplicar a los gustos en general. Escribe otras cosas que te gustan o que no te gustan a ti, a tus compañeros, a tu familia, etc.**

Ej.: *A mí me encanta el cine.*

....
....
....
....
....
....

16 **Escribe y escenifica con un compañero un diálogo en un restaurante. No mires su parte, porque hay unas condiciones para cada personaje.**

A Cliente	B Camarero
Eres vegetariano.	Es un restaurante especializado en carnes.
No comes carne ni pescado, pero comes huevos y alimentos procedentes de animales vivos.	A ti te encantan la carne y el pescado.
Tienes alergia a la harina blanca de trigo.	El plato de hoy es un pescado fresco fantástico.

....
....
....
....
....

17 Estás en un restaurante con tus amigos y necesitáis algunas cosas. Pídeselas al camarero.

Ej.: *¿Nos trae un tenedor, por favor?*

1. ....

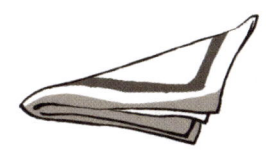

2. ....

3. ....

4. ....

5. ....

6. ....

18 Escribe *h* donde sea necesario.

1. ....acer
2. ....almo....ada
3. ....amarillo
4. ....azul
5. ....ora
6. ....ermano
7. ....agua
8. ....orno
9. ....elado
10. ....arroz

19 Responde a las siguientes preguntas en relación con tu país.

1. ¿Crees que en tu país se come bien?
   ....

2. ¿Cómo es la comida de tu país?
   ....

3. ¿Dónde come la gente normalmente a mediodía?
   ....

4. ¿Cuáles son los horarios de las comidas?
   ....

5. ¿En qué ocasiones se va a comer o a cenar a un restaurante?
   ....

6. ¿Existe la costumbre de reunirse en un bar para tomar algo?
   ....

7. ¿Hay algo en tu país equivalente a las tapas en España?
   ....

8. ¿Qué tipos de locales hay para comer?
   ....

9. ¿Dónde prefieres comer?
   ....

20 ¿Recuerdas la ortografía de las letras *c, z* y *q*? Escribe palabras que las contengan.

Ca	Que	Qui	Co	Cu
casa	*queso*	*quien*	*comer*	*cuanto*
....	....	....	....	....
....	....	....	....	....
....	....	....	....	....
....	....	....	....	....
....	....	....	....	....
....	....	....	....	....
....	....	....	....	....
....	....	....	....	....
....	....	....	....	....
....	....	....	....	....
....	....	....	....	....
....	....	....	....	....

Za	Ce	Ci	Zo	Zu
zapato	*cenar*	*cien*	*chorizo*	*zumo*
....	....	....	....	....
....	....	....	....	....
....	....	....	....	....
....	....	....	....	....
....	....	....	....	....
....	....	....	....	....
....	....	....	....	....
....	....	....	....	....
....	....	....	....	....
....	....	....	....	....
....	....	....	....	....
....	....	....	....	....

7 ¿QUÉ TE PASA?

Las partes del cuerpo. Estados físicos y anímicos. Expresar condición y obligación. El Imperativo. La *b* y la *v*. La *e*, *u* por *y*, *o*, respectivamente.

1 Escribe el artículo y relaciona cada parte del cuerpo con el dibujo correspondiente.

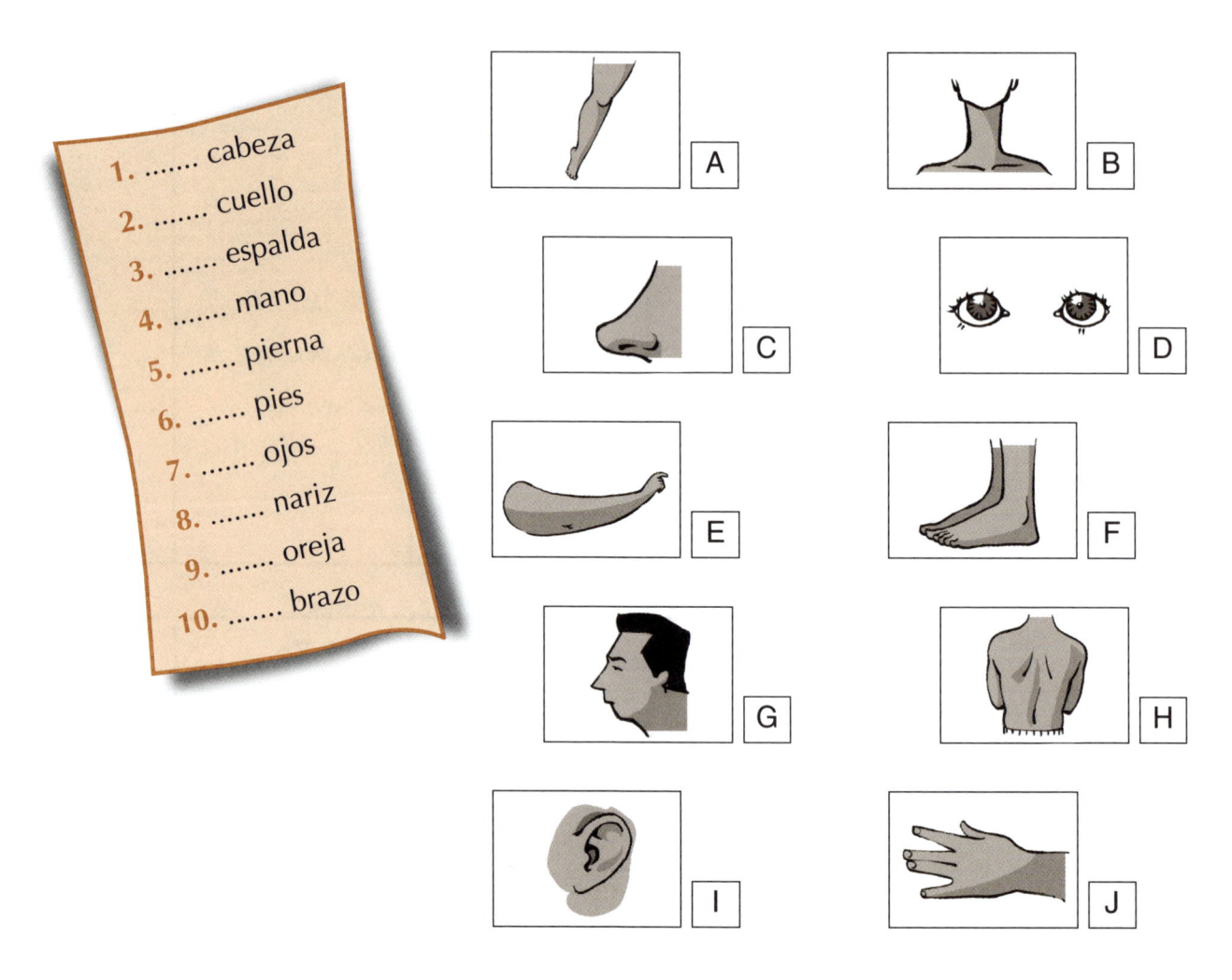

1. .... cabeza
2. .... cuello
3. .... espalda
4. .... mano
5. .... pierna
6. .... pies
7. .... ojos
8. .... nariz
9. .... oreja
10. .... brazo

2 Completa la tabla.

A mí	me	duele	....
A	te	....	los pies
A él, ella, ...	....	duele	la cabeza
A nosotros, nosotras	....	....	la espalda
A ...., ...	os	duelen	....
A ...., ..., ustedes	....	duele	....

52 cincuenta y dos

3 Relaciona una palabra de cada columna y construye frases con ellas.

1. pies	uñas
2. manos	pelo
3. cabeza	natación
4. ojos	pañuelo
5. espalda	gafas
6. nariz	zapatos

Ej.: *Los zapatos se ponen en los pies.*

1. ....
2. ....
3. ....
4. ....
5. ....

4 Completa las siguientes frases con *doler, tener dolor de, tener* y *estar*.

1. Necesito una aspirina, porque .... cabeza.
2. Me .... los pies después de esta excursión.
3. ¡.................... muy cansado!
4. .... un poco nerviosa por el examen.
5. ¿Por qué llevas tantos pañuelos? Porque .... resfriado.
6. .... garganta.
7. ¿Qué te ....?
8. .... fiebre y me .... la cabeza.
9. .... tos, necesito beber agua.
10. ¿Qué te pasa? .... cansada.
11. Me .... los ojos; es porque leo sin gafas.

5 Relaciona las frases de ambas columnas según su sentido.

A Carlos le duele la cabeza.	Mercedes tiene dolor de pies.
A mí me duele la espalda.	Tengo dolor de espalda.
A Marta y a Francisca les duelen los ojos.	Carlos tiene dolor de cabeza.
A Mercedes le duelen los pies.	Tenemos dolor de estómago.
A nosotros nos duele el estómago.	Marta y Francisca tienen dolor de ojos.

6 Responde con frases completas a las preguntas. Mira el ejemplo.

Ej.: *¿Qué te pasa? (cabeza).*
Me duele la cabeza / tengo dolor de cabeza porque tengo un examen.

1. ¿Qué le pasa a Luis? *(cansado).*
   ....
2. ¿Qué te pasa? *(espalda).*
   ....
3. ¿Qué os pasa? *(frío).*
   ....
4. ¿Qué te pasa? *(tos).*
   ....
5. ¿Qué le pasa a Marta? *(hambre).*
   ....
6. ¿Qué nos pasa? *(sed).*
   ....

7 Completa el cuadro con el imperativo.

Verbo	Tú	Vosotros
Conducir		
Dormir		
Venir		
Tener		
Ponerse		
Hablar		
Subir		
Aprender		
Construir		
Cerrar		

8 Elena ha tenido un accidente y está en el hospital. Necesita algunas cosas y te las pide, ¿qué crees que te dice?

Ej.: *Traer: Trae los apuntes de matemáticas.*

1. *Comprar:* .... una revista.
2. *Llamar:* .... a todos para contarles mi accidente.
3. *Decir:* .... a todos que estoy aquí.

9 Usa un imperativo para dar consejos a las personas que te hablan.

Ej.: *Estamos cansados.* → *Si estáis cansados, descansad.*

1. Tenemos hambre. ....
2. Tengo sed. ....
3. Estoy enferma. ....
4. Tengo fiebre. ....
5. Me duele la cabeza. ....
6. Tenemos dolor de garganta. ....
7. Me duele el cuello. ....
8. Estoy resfriado. ....

10 Ya sabes que el imperativo se usa también para dar instrucciones. ¿Puedes hacerlo en las actividades que te proponemos?

1. ¿Cómo se hace un bocadillo de queso?

   ....
   ....

2. ¿Cómo se prepara un desayuno?

   ....
   ....

3. ¿Cómo se saca un refresco de la máquina de tu colegio?

   ....
   ....

4. ¿Cómo se llama por teléfono desde un móvil?

   ....
   ....

11 Cerca de tu casa existen estos establecimientos. Escribe la forma de llegar a ellos.

Ej.: *Una biblioteca.*

Subid la calle principal, luego a la altura del número 25 girad a la derecha y seguid la calle hasta el portal de la esquina.

1. Una panadería.

   ....
   ....

2. Una oficina de correos.

   ....
   ....

3. Un cine.

   ....
   ....

12 Escribe lo que *hay que hacer* en las siguientes situaciones.

> **Ej.:** *Dolor de cabeza.*   Hay que tomar una aspirina.
>
> 1. Dolor de estómago. ....
> 2. Fiebre. ....
> 3. Dolor de pies. ....
> 4. Resfriado. ....
> 5. Estar cansado. ....
> 6. Frío. ....
> 7. Calor. ....

13 Da consejos a tus amigos para las siguientes situaciones, con *imperativo* y con *tener que + infinitivo*.

Ej.: *Para sacar mejores notas.* → *Tenéis que hacer los deberes todos los días. / Haced los deberes con más cuidado.*

1. Para ser buen deportista.

   ....
   ....

2. Para ganar todos los partidos de tenis.

   ....
   ....

3. Para estar muy fuerte físicamente.

   ....
   ....

4. Para no estar cansado los lunes.

   ....
   ....

5. Para tener mucho éxito con los amigos y amigas.

   ....
   ....

14 ¿En qué situaciones puedes dar los siguientes consejos?

1. Tienes que hablar menos.
....
....

2. Levántate más temprano.
....
....

3. Tenéis que desayunar más.
....
....

15 Da consejos a tus amigos, ya que todos tienen problemas.

Tengo frío

Me duelen los ojos

Estoy nervioso

Estoy cansado

16 ¿Qué hay que hacer para conseguir un carné internacional de estudiante? Si no lo sabes, pregúntalo y escríbelo. Después compara tu respuesta con la de un compañero tuyo.

....
....
....
....
....
....

cincuenta y siete   **57**

17 Mira en el diccionario qué significan estas palabras.

1. BACA: ....
   ....
2. VACA: ....
   ....
3. BASO: ....
   ....
4. VASO: ....
   ....

18 Busca algunas palabras más con distinto significado si se escriben con *b* o con *v* y escríbelas.

....	....
....	....
....	....

19 Corrige los errores que hay en estas frases.

1. La escultura es de aluminio e hierro.
   ....
2. Tengo siete o ocho CD de música clásica.
   ....
3. ¿Vienen a tu fiesta Fernando y Isabel?
   ....
4. Sube la escalera y indícame el camino.
   ....
5. Pedro está de vacaciones con su mujer y hijos.
   ....

20 Mira el plano y escribe cómo llegar a la gasolinera, a la universidad y al hospital.

1. Para llegar a la gasolinera:
   ....
   ....

2. Para llegar a la universidad:
   ....
   ....

3. Para llegar al hospital:
   ....
   ....

8 DE MAYOR SERÉ...

Hablar de planes y proyectos. Ir a + Infinitivo. Futuro Simple de Indicativo. Acciones durativas. Profesiones y deportes. El tiempo atmosférico. Sufijos aumentativos y diminutivos. La x y la s.

1 Escribe qué hacen estas personas en su trabajo. Tienes que pensar en los verbos correspondientes.

Ej.: *Un periodista escribe artículos en un periódico.*

PROFESIÓN	¿QUÉ HACE?
1. Un enfermero	....
2. Un atleta	....
3. Un ciclista	....
4. Un bombero	....
5. Una abogada	....
6. Una policía	....
7. Un pintor	....
8. Un fotógrafo	....

2 Pregunta a tus compañeros por sus profesiones favoritas. Después escribe las conclusiones con las expresiones siguientes.

1. La mayoría prefiere ....
2. Muchos quieren ser ....
3. Más o menos la mitad de la clase ....
4. Pocos quieren ser ....
5. Casi nadie ....
6. Nadie ....

3 Escribe debajo de cada dibujo la profesión con la que está relacionado.

1. ....
2. .... 
3. .... 
4. .... 
5. .... 
6. .... 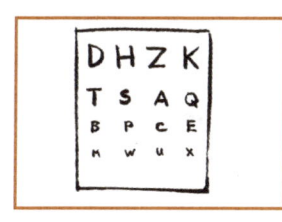
7. .... 
8. .... 
9. .... 
10. .... 

4 Escribe el gerundio de los verbos siguientes.

1. Hablar ....
2. Escribir ....
3. Leer ....
4. Trabajar ....
5. Comer ....
6. Nevar ....
7. Ir ....
8. Soñar ....

5 Escribe qué estás haciendo normalmente a estas horas. Emplea *estar* + gerundio.

1. A las 7:30
   ....
2. A las 11:30
   ....
3. A las 14:00
   ....
4. A las 18:00
   ....
5. A las 21:30
   ....
6. A las 23:30
   ....

6 ¿Qué significan los siguientes símbolos?

1 ....   2 ....   3 ....

4 ....   5 ....   6 ....

7 Emplea *ir* + infinitivo para escribir qué planes tienes.

- Esta tarde
  ....
- En el recreo
  ....
- Hoy después de comer
  ....
- Hoy después del colegio
  ....
- El próximo sábado
  ....

8 **Escribe las formas del futuro simple.**

1. Salir *(ellos)* ....
2. Venir *(tú)* ....
3. Hacer *(yo)* ....
4. Ponerse *(nosotros)* ....
5. Decir *(vosotros)* ....
6. Tener *(ella)* ....
7. Saber *(yo)* ....
8. Hablar *(tú)* ....
9. Trabajar *(yo)* ....
10. Aprender *(nosotros)* ....
11. Vivir *(ellos)* ....

9 **Subraya los marcadores que se corresponden con la idea de futuro.**

1. El mes que viene
2. La semana pasada
3. Dentro de un año
4. El año pasado
5. La semana que viene
6. El año que viene
7. Normalmente
8. Ayer
9. Esta noche
10. Mañana
11. Esta mañana
12. Esta tarde
13. El otro día
14. Pasado mañana

Ahora, escribe frases con algunos de estos marcadores de futuro.

....
....
....
....
....

10 Eres una persona muy pesimista. Este fin de semana vas de acampada con tus amigos y solo encuentras problemas. Escríbelos. Te damos algunos ejemplos.

Ej.: *Lloverá. No podremos hacer fuego. Olvidaremos la comida, etc.*

....
....
....
....
....
....
....
....

De repente, eres más optimista y encuentras soluciones a todos los inconvenientes.

Ej.: *Si llueve, pondremos el techo impermeable.*

....
....
....
....
....

11 Piensa en dos profesiones que te gustan para tu futuro y escribe en qué consistirá tu trabajo. Tu profesor adivinará de qué profesión se trata.

1.
....
....
....
....
....
....

2.
....
....
....
....
....
....

12 Mira los siguientes objetos e imagina el futuro que los espera.

(gafas)	las gafas	*(libros)*	los libros
Las gafas desaparecerán y solo usaremos lentillas o nos operaremos.		....	
(teléfono)	el teléfono	*(carta)*	las cartas
....		....	
(dinero)	el dinero en metálico	*(cámara)*	el cine
....		....	

13 Imagina que de mayor serás diseñador de casas y diseñas una, ¿cómo será?

Ej.: *Funcionará con energía eléctrica* ....
....
....
....
....
....

sesenta y cinco

14 Busca tu horóscopo de esta semana en una revista. Recórtalo, pégalo en el recuadro e interpreta lo que te dice.

....

....

....

....

....

....

15 ¿Qué es …?

1. Un perrazo ....
2. Un pajarillo ....
3. Un ratito ....
4. Una niñita ....
5. Facilito ....
6. Un librito ....
7. Un gorrito ....
8. Un bocadito ....
9. Una siestecita ....

16 Hay algunas palabras que tienen las terminaciones *-ito, -ita, -illo, -azo, -aza*, etc. y no son diminutivos o aumentativos. Busca en el diccionario qué significan las siguientes palabras y escribe otras que encuentres.

1. Una mesilla ....
2. Una madraza ....
3. Unas faldillas ....
4. Un pisotón ....
5. Un tortazo ....
6. Un bofetón ....

....

....

17 **Señala la opción correcta.**

1. El próximo verano .... de vacaciones a la montaña.
   - a) ir
   - b) iremos
   - c) vendremos

2. Mi hermano mayor está .... para ser músico.
   - a) estudiando
   - b) estudiará
   - c) estudiar

3. Esta tarde .... con mis amigos.
   - a) saliré
   - b) voy salir
   - c) saldré

4. Un .... cuida de los animales enfermos.
   - a) enfermero
   - b) veterinario
   - c) médico

5. Está ....; mejor nos quedamos en casa.
   - a) llueviendo
   - b) a llover
   - c) lloviendo

6. ¡Qué ....! No hay nadie en la calle.
   - a) extraño
   - b) estraño
   - c) ekstraño

7. Si .... frío iré en autobús al colegio.
   - a) hará
   - b) llueve
   - c) hace

8. ¡En casa hay fuego! ¡Corre, llama a los ....!
   - a) fotógrafos
   - b) bomberos
   - c) arquitectos

9. Esta tarde .... si he aprobado el examen.
   - a) sabré
   - b) saberé
   - c) sabiendo

10. Esta noche yo .... a ver una película. ¿Y tú?
    - a) va
    - b) voy
    - c) iremos

SOLUCIONES A LOS EJERCICIOS

SOLUCIONES

LECCIÓN 1

1.

café: ce, a, efe, e
lápiz: ele, a, pe, i, zeta
mesa: eme, e, ese, a
silla: ese, i, elle, a
goma: ge, o, m, a
ella: e, elle, a
decir: de, e, ce, i, ere
mapa: eme, a, pe, a

2.

A	L	V	U	N	E	R	S	B	N	I
D	I	E	X	O	O	I	O	I	I	L
O	D	I	E	C	I	S	I	E	T	E
C	I	N	C	H	U	V	I	N	R	F
U	E	T	M	O	S	N	E	T	E	U
A	Z	E	N	C	R	E	A	E	C	L
T	A	N	G	Q	U	I	N	C	E	S
R	S	E	I	S	H	Y	A	R	A	D
O	L	G	M	P	A	T	D	E	L	A
V	E	I	N	T	I	D	O	S	T	C
I	T	N	E	O	S	E	S	U	V	I

3.

1. El libro
2. La mo**ch**ila
3. El l**á**piz
4. La mes**a**
5. El pupi**tr**e
6. La si**ll**a
7. El bol**í**gra**f**o
8. La pi**z**a**rr**a
9. La ti**z**a
10. El sa**c**ap**u**ntas

4.

Masculino	Femenino
Español	**Española**
Brasileño	Brasileña
Mexicano	**Mexicana**
Argentino	**Argentina**
Italiano	Italiana
Chileno	**Chilena**
Estadounidense	**Estadounidense**
Inglés	**Inglesa**
Francés	Francesa
Portugués	Portuguesa
Uruguayo	**Uruguaya**
Paraguayo	Paraguaya
Alemán	**Alemana**
Sueco	Sueca
Chino	China
Ruso	**Rusa**
Suizo	**Suiza**
Griego	Griega
Dominicano	**Dominicana**
Colombiano	Colombiana
Japonés	**Japonesa**
Rumano	Rumana
Finlandés	**Finlandesa**
Noruego	Noruega

5.

Cuando el masculino termina en **o**, el femenino termina en **a**.

Cuando el masculino termina en una **consonante**, el femenino se forma añadiendo **a**, sin **acento**.

• Respuesta libre.

6.

1. h)   4. f)   7. g)
2. e)   5. d)   8. c)
3. i)   6. b)   9. a)

7.

Masculinos: alumno, profesor, cuaderno, pianista, colegio, lápiz, garaje, patio, mapa, pelo.

Femeninos: puerta, papelera, francesa, canción, gata, pianista, cartera, casa, salud, moto, tiza, directora.

8.

—¡Hola!
—¡Hola!, ¿qué tal?
—Muy bien, ¿y tú?
—Bien también.
—¿Cómo te llamas?
—Me llamo Paco, ¿y tú?
—Paola.
—¿De dónde eres?
—De Buenos Aires, ¿y tú?
—Soy de Barcelona.

9.

Saludos
Hola
Buenos días

Despedidas
Adiós
Hasta luego
Hasta mañana
Hasta pronto

Información personal
¿Cómo te llamas?
¿De dónde eres?
¿Dónde vives?
¿Cuántos años tienes?

10.

1. ¿Cómo te apellidas?
2. ¿De dónde eres?
3. ¿Dónde vives?
4. ¿Cuántos años tienes?

11.

1. a)
2. c)
3. a)
4. b)
5. b)
6. c)
7. a)
8. b)
9. a)
10. c)

12.

	TENER	SER	ESTUDIAR	VIVIR	LLAMARSE	APELLIDARSE
Yo	tengo	soy	estudio	vivo	me llamo	me apellido
Tú	**tienes**	eres	estudias	**vives**	te llamas	te **apellidas**
Él/ella	tiene	**es**	estudia	vive	se llama	se **apellida**
Nosotros/ nosotras	tenemos	somos	**estudiamos**	vivimos	nos llamamos	nos **apellidamos**
Vosotros / vosotras	tenéis	sois	**estudiáis**	vivís	os llamáis	os **apellidáis**
Ellos / ellas	**tienen**	son	estudian	**viven**	se llaman	se **apellidan**

13.

	TRABAJAR	LEER	ESCRIBIR
Yo	trabajo	leo	escribo
Tú	trabajas	lees	escribes
Él / ella	trabaja	lee	escribe
Nosotros / nosotras	trabajamos	leemos	escribimos
Vosotros / vosotras	trabajáis	leéis	escribís
Ellos/ellas	trabajan	leen	escriben

14.

Respuesta libre.

15.

C/ = calle   Pl. = plaza
N.º = número   Avda. = avenida

16.

Avda.: Avenida
P.º: Paseo
Esc.: Escalera
Sra.: Señora
Sr.: Señor

17.

Respuesta libre.

LECCIÓN 2

1.

Respuesta libre.

2.

Cerca de; lejos de; a la derecha de; a la izquierda de; al lado de; en el centro de; a las afueras de; detrás de.

3.

1. El armario es **marrón.**
2. La lámpara es **amarilla.**
3. La silla es **azul.**
4. El sofá es **naranja.**
5. La cama es **verde.**

4.

```
P S M T E N D O L O V E
U O E E S I L L O N I S
R F U L C C M I E F S T
B A Ñ E R A T S I R T A
E L O V I M B I G E O N
T R E I T A O L Z G F T
R I V S O R O L A A E E
I N T I R I B A P D N R
S E L O I J I C P E T I
A S A N O T D I A R I A
L G F R F U K A L O J O
F R I G O R I F I C O N
```

5.
1. F   5. F
2. V   6. V
3. F   7. V
4. F   8. V

6.
1. **Un** armario
2. **Una** lavadora
3. **Un** lavabo
4. **Una** ducha
5. **Una** bañera
6. **Una** habitación
7. **Un** libro
8. **Una** pared
9. **Un** ordenador
10. **Una** cama
11. **Un** sofá
12. **Un** sillón

7.
1. Las estanterías
2. Las paredes
3. Las sillas
4. Los sillones
5. Las casas
6. Los pisos
7. Los dormitorios
8. Los cuartos de baño
9. Los jardines
10. Las terrazas

8.
1. Los lápices están encima de las mesas.
2. Los libros están encima de las estanterías.
3. Los espejos están en los dormitorios.
4. En las paredes hay (unos) cuadros.
5. Las lámparas son amarillas y verdes.
6. Los sillones son rojos.
7. Son unos apartamentos luminosos.
8. En los cuartos de baño hay (unas) estanterías.

9.
1. La mesa está al lado de la puerta.
2. Los libros están en la estantería.
3. La ducha está en el cuarto de baño.
4. La mesa está a la derecha de la cama.
5. Encima de la cama hay algunos libros.
6. El sillón es azul y está en la terraza.

10.
1. La terraza **está** al lado del salón.
2. Los lápices **son** de colores y **están** en la mochila.
3. Mi dormitorio **es** muy alegre.
4. El lavavajillas **es** moderno y **está** en la cocina.
5. Los armarios que **están** en la cocina **son** marrones y muy grandes.
6. Mis libros **están** encima de mi escritorio.

11.
1. En el armario **hay** muchas cosas.
2. En mi dormitorio **hay** una mesilla.
3. Mis libros **están** encima de la mesilla.
4. Los sillones **están** cerca de la terraza.
5. En la cocina **hay** cuatro sillas y una mesa.
6. La cama **está** a la izquierda.

12.
1. Mi casa está cerca **de** un parque.
2. Vivo **en** Madrid.
3. ¿Cómo es la habitación **de** Silvia?
4. La mochila está encima **de** la cama.
5. Los muebles están **en** el piso.
6. El espejo está **en** el cuarto de baño, **en** la pared, al lado **de** la estantería de madera.
7. El baño está enfrente **de** la cocina.

13.

Respuesta libre.

14.

Respuesta libre.

15.

Respuesta libre.

16.

Respuesta libre.

17.

Respuesta libre.

1. Respuesta libre.

2. Posible respuesta

Mi casa está en el centro de Madrid. Es muy pequeña, ruidosa, antigua y fea. Tiene cuatro dormitorios, un baño y un aseo. En el cuarto de baño hay una bañera y en el aseo hay una ducha. En mi casa hay un salón muy pequeño, con vistas al jardín. En el jardín hay árboles y flores. La casa no tiene luz, es muy oscura.

18.

Respuesta libre.

19.

Respuesta libre.

20.

Respuesta libre.

LECCIÓN 3

1.
1. **El padre,** la madre.
2. Los abuelos, **las abuelas.**
3. El primo, **la prima.**
4. **El sobrino,** la sobrina.
5. **El hermano,** la hermana.
6. El suegro, **la suegra.**

2.
1. Aurora es la **mujer** de Víctor Manuel.
2. Victoria es la **prima** de Juan, Pablo y Miguel.
3. Pablo, Miguel y Juan son **hermanos.**
4. Marcos es el **cuñado** de José y Jaime.
5. Jaime y Susana son los **padres** de Felipe y Victoria.
6. Victoria y Miguel son **primos.**

3.
Respuesta libre.

4.
Respuesta libre.

5.
Posible respuesta
CUERPO: delgado, alto, bajo, gordo
CARA: bigote, gafas, barba, guapo, feo
PELO: el pelo blanco, largo, rubio, rizado, moreno, pelirrojo, calvo…

6.

ES	TIENE	LLEVA
delgado, alto, rubio, moreno, gordo y calvo.	el pelo largo, corto y rizado.	bigote, gafas y barba.

7.
1. Tus tías son altas y delgadas.
2. Nuestras primas llevan gafas.
3. Sus abuelas tienen el pelo blanco.
- 1. Tu tío es bajo y gordo.
2. Nuestro primo no lleva gafas.
3. Su abuelo tiene el pelo negro.

8.
1. Juan es muy delgado y alto. Tiene el pelo largo y liso. Lleva barba.
2. María lleva gafas. Tiene el pelo largo.
3. Pablo es gordo y bajo. Es calvo y lleva bigote.

9.
Mi tío Alberto **es** el hermano de mi madre. Trabaja en un laboratorio. **Lleva** barba y **es** muy simpático. **Es** alto y un poco gordo. **Tiene** el pelo rizado y **tiene** canas. **Tiene** dos hijos. El mayor **es** simpático, como su padre. El pequeño **es** muy antipático.

10.
1. **La nuestra**…
2. **La vuestra**…
3. **La mía**…
4. **Los tuyos**…
5. **La tuya**…
6. **La vuestra**…

11.
1. Sí, son nuestros.
2. Sí, es suya.
3. Sí, sí son suyos.
4. Sí, es mío.
5. Sí, son suyas.
6. Sí, es suyo

12.
1. ¿Quién es **este** profesor?
2. ¿Quiénes son **estos** estudiantes?
3. ¿Quiénes son **estas** chicas?
4. ¿Quién es **esta** profesora?
5. ¿Quiénes son **estos** profesores?

13.
Respuesta libre.

14.
Respuesta libre.

15.
Respuesta libre.

16.
Respuesta libre.

17.
Respuesta libre.

18.
Respuesta libre.

19.
Posible respuesta
alto, bajo, gordo, delgado, calvo, moreno

20.
1. Octubre
2. Enero
3. Abril
4. Junio
5. Julio
6. Agosto
7. Noviembre
8. Mayo
9. Septiembre
10. Marzo
11. Febrero
12. Diciembre

21.
Posible respuesta
simpático, antipático, divertido, aburrido, amable, sociable, majete (=sociable, amable, simpático, coloquial en lenguaje de jóvenes)

22.

	V	F
El día 12 de octubre se celebra solo en el norte de España.		X
La Navidad se celebra el 24 de diciembre.	X	
El 25 de diciembre es el día de los regalos.		X
El día 6 de enero es el día de los regalos.	X	
La feria de abril es una fiesta de Sevilla.	X	
La fiesta del fuego son las Fallas.	X	

23.

Respuesta libre.

24.

1. La hija de mis padres es mi hermana.
2. El padre de mi primo es mi tío.
3. Los hijos de mi hermana son mis sobrinos.
4. La madre de mi padre es mi abuela.

LECCIÓN 4

1.

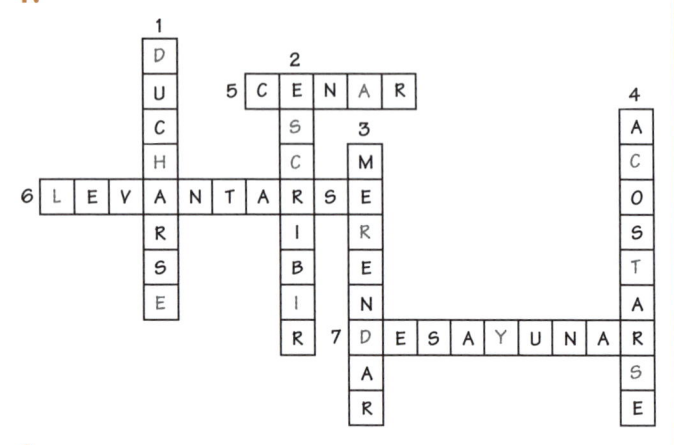

Crucigrama:
- 1 vertical: DUCHARSE
- 2 vertical: ESCRIBIR
- 3 vertical: MERENDAR
- 4 vertical: ACOSTARSE
- 5 horizontal: CENAR
- 6 horizontal: LEVANTARSE
- 7 horizontal: DESAYUNAR

5. Hacer la cama.
6. Lavar la ropa.
7. Desayunar temprano / pronto.
8. Levantarse pronto / temprano.
9. Jugar al baloncesto.

2.
1. Normalmente
2. Nunca
3. A veces
4. A menudo
5. Casi nunca
6. Siempre
7. Casi siempre

3.
Nunca, casi nunca, a veces, a menudo, normalmente, casi siempre, siempre.

4.
Taxi   Autobús   Tren   Avión
Bicicleta   Metro   Moto   Coche

5.
El taxi, la bicicleta, el autobús, el metro, el tren, la moto, el avión, el coche.

6.
Respuesta libre.

7.
1. Jugar al tenis con los amigos.
2. Dormir ocho horas.
3. Ir al colegio andando.
4. Hacer los deberes.

8.
1. Son las siete y veinticinco.
2. Son las ocho y media.
3. Son las nueve menos diez.
4. Son las siete menos veinticinco.
5. Son las nueve y veinticinco.
6. Son las cinco menos cuarto.

9.
Regulares: cenar, ducharse, llegar, escribir, hablar, barrer, quitar.
Irregulares: soler, ir, empezar, tener, acostarse, merendar, dormir, venir, poner, cerrar.

10.
1. Tú te despiertas.
2. Nosotros nos acostamos.
3. Ella merienda.
4. Nosotros jugamos.
5. Ella come.
6. Tú estudias.
7. Vosotros os ducháis.
8. Ellos cenan.
9. Yo voy.
10. Tú vienes.
11. Nosotros hacemos.
12. Nosotros nos bañamos.
13. Yo pongo.
14. Tú quitas.
15. Ella riega.
16. Vosotros paseáis.

11.
1. Ella viene a casa **en** metro.
2. Mi madre se levanta **a** los ocho **y** media.
3. **Los** lunes tengo clase **de** matemáticas.
4. Voy al cine **a** menudo.
5. ¿**A** qué hora sales del colegio?

12.
Respuesta libre.

13.
1. ¿Cenas **en** casa?
2. ¿Vas al cine **con** tus amigos?
3. ¿Tienes clase **por** la tarde?
4. ¿Vienes a la escuela **en** autobús?
5. ¿Friegas los platos **en** el campamento?

14.
Respuesta libre.

15.
Respuesta libre.

16.
Posible respuesta
1. ¿Cómo vais a la piscina?
2. ¿Qué hora es?
3. ¿Vas al cine?
4. ¿Quién quita la mesa en tu casa?
5. ¿A qué hora te levantas?

17.
Respuesta libre.

18.
Martina es profesora. **Trabaja** en un colegio. **Se levanta** todos los días a las 7 menos cuarto **de** la mañana y su trabajo **empieza** a las 8 **y** media. Normalmente **come** en la cantina del colegio, pero **los** martes **vuelve** a casa para comer, porque no tiene clase.
Normalmente termina **de** trabajar **a** las 5 de la tarde. Entonces, **va** al gimnasio **con** sus amigas. Hacen **gimnasia** y después **vuelven** a casa.
Martina **cena** a las 21:00 con **su** marido. Después, ven la tele o **leen** un libro. **Se acuestan** a las 23:00.

19.
Posible respuesta
Tú vas a la piscina.
Los sábados por la tarde vamos al cine.
Voy a casa andando.
Este fin de semana estoy en casa de mis abuelos.
Mi hermana mayor va a la disco los fines de semana.
Voy al gimnasio por la tarde.
Hago los deberes en casa por la noche.
Me levanto a la 7 de la mañana.
Son las 10 de la mañana.

20.
Respuesta libre.

21.
Posible respuesta
Los españoles se levantan tarde los domingos. Los españoles desayunan churros los domingos. Comen paella. A veces comen en un restaurante. Toman el aperitivo en un bar.

22.
Respuesta libre.

LECCIÓN 5

1.
Panadería: magdalenas, pan.
Frutería: plátanos, manzanas, patatas, lechuga, cebollas.
Pollería: huevos, muslos de pollo.
Carnicería: filetes de ternera, chuletas de cerdo.
Librería: diccionario de español, una novela.
Ultramarinos: galletas, leche, lata de sardinas, aceite.

2.
1. Colombia es famosa por el café.
2. Francia es famosa por el vino.
3. Bélgica es famosa por el chocolate.
4. Dinamarca es famosa por las galletas.
5. Italia es famosa por la pasta.
6. Alemania es famosa por la cerveza.
7. Holanda es famosa por el queso.
8. Marruecos es famoso por el cuscús.

3.
Respuesta libre.

4.
Respuesta libre.

5.
Respuesta libre.

6.
a) 2 **kilos** de azúcar
b) 6 **latas** de cerveza
c) 2 **docenas** de huevos
d) 1 **kilo** de manzanas
e) 1 **botella** de vino
f) 200 **gramos** de jamón
g) 1 **paquete** de pasta
h) 2 **barras** de pan

7.
Posible respuesta
1. Lleva sombrero, jersey, chaqueta…
2. Lleva un vestido de rayas.
3. Lleva falda.
4. Lleva corbata, camisa y chaqueta.

8.

Posible respuesta
1. informal, moderno
2. elefante
3. formal
4. clásico

9.

zapatos, traje, sombreros, vestido, vaqueros, falda, camiseta, sudadera y pantalones.

10.

1. El **bikini** no es una prenda de invierno.
2. La **falda** no es un color.
3. El **traje** no es una prenda deportiva.
4. El **sombrero** no es un tejido.
5. La **corbata** no es para los pies.

11.

Respuesta libre.

12.

Respuesta libre.

13.

Posible respuesta
1. Las deportivas son más cómodas que los zapatos.
2. Los vaqueros son menos caros que el traje.
3. La falda es más elegante que los vaqueros.
4. Una falda estampada es menos bonita que una falda lisa.
5. Una camiseta de algodón es menos formal que una camisa de seda.
6. Un vestido es menos barato que unos pantalones.
7. Un traje es más caro que una corbata.

14.

Posible respuesta
¿De qué color? ¿Para quién es? ¿Cuánto cuesta? ¿De qué talla?

15.

1. —¡Buenas! Quería un paquete de magdalenas.
   —Aquí tiene. ¿Algo más?
   —Nada más.
   —Es 1,20 €.
2. —¡Hola!
   —¿Qué querías?
   —Una botella de leche.
   —¿Algo más?
   —Sí, media docena de huevos.
   —¿Algo más?
   —No, nada más, ¿cuánto es todo?
   —Son 2 €.
3. —Hola, buenos días, ¿qué quería?
   —Un kilo de tomates.
   —¿Algo más?
   —Sí, ¿tiene zanahorias?
   —Sí, muy buenas.
   —¿Cuánto valen?
   —1,5 € el kilo.
   —Pues me llevo un kilo.

16.

1. Quería (deseaba)
2. ¿Tiene (tienen)?
3. ¿Cuánto cuesta / vale?
4. ¿Cuánto es todo?
5. De nada
6. ¿Algo más?
7. Nada más.

17.

Respuesta libre.

18.

1. Amarillo
2. Uruguay
3. Cigarrillo
4. Soy
5. Pajarillo
6. Mesilla

• Respuesta libre.

LECCIÓN 6

1.

1. TORTI**LL**A DE PAT**A**TAS
2. PA**E**LLA
3. **P**URÉ D**E** **V**ERDURAS
4. EN**S**ALADA MI**X**TA
5. N**A**TILLAS
6. TA**RT**A DE Q**U**ESO
7. F**I**LETE
8. **P**OLLO ASA**D**O
9. **PA**TATAS CON CAR**N**E
10. PE**S**CADO F**R**ITO
11. VE**RT**DU**R**A A LA PLAN**CH**A
12. AR**R**OZ A LA CUBA**N**A

2.

1. Arroz a la cubana
2. Ensalada mixta
3. Puré de verduras
4. Sopa de verduras

3.

De primero: tortilla de patatas, paella, puré de verduras, ensalada mixta, verdura a la plancha, arroz a la cubana.
De segundo: filete, pollo asado, patatas con carne, pescado frito.
De postre: natillas, tarta de queso.

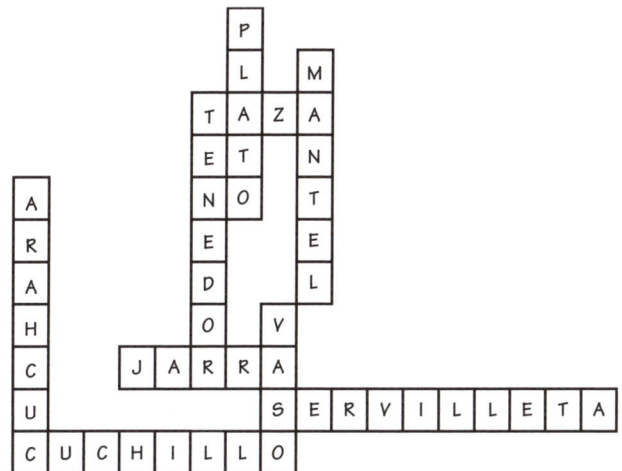

4.

Crossword answers:
- PLATO
- MANTEL
- TAZA
- SERVILLETA
- TENEDOR
- CUCHILLO
- JARRA
- ARRAHCU

(Crucigrama: plato, mantel, taza, servilleta, tenedor, cuchillo, jarra, vaso)

5.
1. Menú del día: Una comida completa (1º, 2º, postre, pan y bebida) a precio fijo.
2. Comida rápida: Establecimientos en los que puedes comer hamburguesas o bocadillos.
3. A la carta: Elegir los platos de una oferta variada.

6.
1. ¡Aburridísima!
2. No, ¡están sosísimos!
3. Sí, ¡son baratísimas!
4. ¡Están sabrosísimos!
5. ¡Está durísimo!

7.

Posible respuesta

1. A **ti**	te	gustan	los perros
2. A él	**le**	gusta	**el pollo**
3. A ella	**le**	**gusta**	el café
4. A **usted**	le	gustan	**los helados**
5. A nosotros/as	**nos**	**gusta**	el fútbol
6. A **vosotros/as**	os	**gustan**	las patatas
7. A ellos	**les**	gusta	**el pescado**
8. A **ellas**	les	**gusta**	la leche
9. A ustedes	**les**	gustan	**los helados**

8.
Respuesta libre.

9.
Odio, no me gusta/n nada, me gusta/n poco, no me gusta/n mucho, me gusta/n mucho, me encanta/n.

10.
Respuesta libre.

11.
Respuesta libre.

12.
1. **Me gustan** las patatas fritas.
2. **Quiero** tomar un zumo, por favor.
3. **Quiero** un refresco, por favor.
4. ¿**Te gusta** la pizza?
5. De primero, **quiero** una ensalada y de segundo **quiero** un pescado porque **no me gusta** la carne.
6. ¿**Quieres** beber algo? Sí, un zumo, ¡**me encanta** el zumo de naranja!

13.
Respuesta libre.

14.
Respuesta libre.

15.
Respuesta libre.

16.
Respuesta libre.

17.
1. ¿Nos trae un vaso, por favor?
2. ¿Nos trae una servilleta, por favor?
3. ¿Nos trae la carta, por favor?
4. ¿Nos trae el salero?
5. ¿Nos trae una botella de agua?
6. ¿Nos trae una jarra de agua?

18.
1. **h**acer
2. ∅almo**h**ada
3. ∅amarillo
4. ∅azul
5. **h**ora
6. **h**ermano
7. ∅agua
8. **h**orno
9. **h**elado
10. ∅arroz

19.
Respuesta libre.

20.
Respuesta libre.

LECCIÓN 7

1.
1. G. La cabeza
2. B. El cuello
3. H. La espalda
4. J. La mano
5. A. La pierna
6. F. Los pies
7. D. Los ojos
8. C. La nariz
9. I. La oreja
10. E. El brazo

2.

A mí	me	duele	**la mano**
A **ti**	te	**duelen**	los pies
A él, ella, **usted**	**le**	duele	la cabeza
A nosotros, nosotras	**nos**	**duele**	la espalda
A **vosotros, vosotras**	os	**duelen**	**los ojos**
A **ellos, ellas,** ustedes	**les**	**duele**	**el cuello**

setenta y siete 77

3.
1. pies-zapatos
2. manos-uñas
3. cabeza-pelo
4. ojos-gafas
5. espalda-natación
6. nariz-pañuelo

- Respuesta libre.

4.
1. Necesito una aspirina porque **tengo dolor de** cabeza.
2. Me **duelen** los pies después de esta excursión.
3. ¡**Estoy** muy cansado!
4. **Estoy** un poco nerviosa por el examen.
5. ¿Por qué llevas tantos pañuelos? Porque **estoy** resfriado.
6. **Tengo dolor de** garganta.
7. ¿Qué te **duele?**
8. **Tengo** fiebre y me **duele** la cabeza.
9. **Tengo** tos, necesito beber agua.
10. ¿Qué te pasa? **Estoy** cansada.
11. Me **duelen** los ojos; es porque leo sin gafas.

5.

A Carlos le duele la cabeza.	Carlos tiene dolor de cabeza.
A mí me duele la espalda.	Tengo dolor de espalda.
A Marta y a Francisca les duelen los ojos.	Marta y Francisca tienen dolor de ojos.
A Mercedes le duelen los pies.	Mercedes tiene dolor de pies.
A nosotros nos duele el estómago.	Tenemos dolor de estómago.

6.
Respuesta libre.

7.

Verbo	Tú	Vosotros
Conducir	Conduce	Conducid
Dormir	Duerme	Dormid
Venir	Ven	Venid
Tener	Ten	Tened
Ponerse	Ponte	Poneos
Hablar	Habla	Hablad
Subir	Sube	Subid
Aprender	Aprende	Aprended
Construir	Construye	Construid
Cerrar	Cierra	Cerrad

8.
1. Compra una revista.
2. Llama a todos para contarles mi accidente.
3. Di a todos que estoy aquí.

9.
1. Si tenéis hambre, comed.
2. Si tienes sed, bebe algo.
3. Si estás enferma, ve a casa.
4. Si tienes fiebre, toma una aspirina.
5. Si te duele la cabeza, acuéstate.
6. Si tenéis dolor de garganta, tomad algo caliente.
7. Si te duele el cuello, haz más ejercicio físico.
8. Si estás resfriado, ve a casa.

10.
Respuesta libre.

11.
Respuesta libre.

12.
Respuesta libre.

13.
Respuesta libre.

14.
Respuesta libre.

15.
Respuesta libre.

16.
Respuesta libre.

17.
1. BACA: Portaequipajes, objeto que se coloca encima de los coches.
2. VACA: Animal mamífero del que habitualmente se bebe la leche.
3. BASO: Primera persona del presente de indicativo del verbo basar.
4. VASO: Objeto de cristal que se usa para beber.

18.
Respuesta libre.

19.
1. La escultura es de alumino **y** hierro.
2. Tengo siete **u** ocho CD de música clásica.
3. ¿Vienen a tu fiesta Fernando **e** Isabel?
4. Sube la escalera **e** indícame el camino.
5. Pedro está de vacaciones con su mujer **e** hijos.

20.
1. Sigue todo recto y gira la tercera calle a la derecha.
2. Sigue recto y gira la primera calle a la izquierda.
3. Sigue recto y gira la segunda calle a la derecha.

LECCIÓN 8

1.

Posible respuesta
1. Un enfermero cuida a los enfermos.
2. Un atleta participa en competiciones para ganar trofeos.
3. Un ciclista corre en carreras.
4. Un bombero apaga incendios y ayuda a la gente.
5. Una abogada defiende a la gente.
6. Una policía protege a los ciudadanos.
7. Un pintor pinta cuadros (o casas, techos, paredes, etc.).
8. Un fotógrafo hace fotos.

2.

Respuesta libre.

3.

1. escritor
2. escultora
3. enfermero
4. médica
5. dentista
6. oculista
7. fontanero
8. taxista
9. profesor
10. bombera

4.

1. Hablar: Hablando
2. Escribir: Escribiendo
3. Leer: Leyendo
4. Trabajar: Trabajando
5. Comer: Comiendo
6. Nevar: Nevando
7. Ir: Yendo
8. Soñar: Soñando

5.

Posible respuesta
1. A las 7:30 estoy duchándome.
2. A las 11:30 estoy aprendiendo español.
3. A las 14:00 estoy estudiando en la biblioteca.
4. A las 18:00 estoy jugando al tenis.
5. A las 21:30 estoy haciendo los deberes.
6. A las 23:30 estoy durmiendo.

6.

1. Lluvia / llover / llueve
2. Nieve / nevar / nieva
3. Viento / hace viento
4. Sol / hace sol
5. Frío / hace frío
6. Calor / hace calor

7.

Respuesta libre.

8.

1. Saldrán
2. Vendrás
3. Haré
4. Nos pondremos
5. Diréis
6. Tendrá
7. Sabré
8. Hablarás
9. Trabajaré
10. Aprenderemos
11. Vivirán

9.

El mes que viene; dentro de un año; la semana que viene; el año que viene; mañana; esta noche; esta tarde; pasado mañana
- Respuesta libre.

10.

Respuesta libre.
- Respuesta libre.

11.

Respuesta libre.

12.

Respuesta libre.

13.

Respuesta libre.

14.

Respuesta libre.

15.

1. Un perrazo es un perro enorme.
2. Un pajarillo es un pájaro pequeño y débil.
3. Un ratito es un espacio de tiempo corto.
4. Una niñita es una niña pequeña.
5. Facilito es algo fácil, matiz de restarle importancia.
6. Un librito es un libro pequeño.
7. Un gorrito es un gorro pequeño (afectivo).
8. Un bocadito es un bocado pequeño.
9. Una siestecita es una siesta corta.

16.

1. Una mesilla es un mueble que se coloca al lado de la cama para dejar objetos, colocar una lámpara, etc.
2. Una madraza es una buena madre.
3. Unas faldillas es una especie de mantel largo que se coloca en las mesas normalmente redondas.
4. Un pisotón es la acción de pisar algo con fuerza.
5. Un tortazo es la acción de golpear con la palma de la mano en la cara de alguien.
6. Un bofetón es igual que un tortazo.
- Respuesta libre.

17.

1. b)
2. a)
3. c)
4. b)
5. c)
6. a)
7. c)
8. b)
9. a)
10. b)